新潮新書

小泉信一
KOIZUMI Shinichi

スターの臨終

1075

新潮社

（本文中、敬称略）

「大衆文化担当」の編集委員として――プロローグ

新聞記者になったのは1988年。昭和63年だった。いまも昔もほとんど変わらないが、新人記者は警察担当になる。私は北関東の群馬県にある前橋支局（現総局）員となり、3年間、持ち場を離れることはなく、事件・事故を追いかける日が続いた。

そうした中で、「なぜこの人はここで死ななければならなかったのか」と自問してしまうような理不尽な殺人事件や事故、自然災害に直面することがあった。身代金目的の誘拐殺人事件では、5歳の男児が裸にされ、生きたまま橋の上から落とされた。容疑者は捕まらず、時効を迎えている。

群馬といえば、1985年に発生し、御巣鷹の尾根で520人が犠牲となった日航機墜落事故を思い起こす人も多いだろう。現場の上野村近くで暮らしていた琵琶奏者の友人がいる。彼は鎮魂のため慰霊碑の前で演奏したことがあり、520人の霊が突然目の前に現れたような重たさに、琵琶を弾くのもやっとだったという。

やがて私は北海道の東端、北方領土を望む根室に転勤した。その「国境の街」ではロシア国境警備隊による拿捕・銃撃事件で命を落とした漁師がいた。サハリンの留置施設で謎の死を遂げた人もいた。

新聞記者にとって、人の死を報じることは仕事である。警察や海上保安部、行政や司法など当局から発表された「一次データ」をもとに、淡々と分かりやすく事実を書くのだが、やはり自分は新聞記者だ。「データマン」だけに終わりたくない。人の死について、もっと踏み込んだ記事を書きたいと思うようになった。

東京社会部の「下町記者」として、浅草の芸人や大衆文化を追いかけていた2005年。「指パッチン」の芸で人気を博したポール牧が東京・西新宿の自宅マンションから飛び降り自殺した。私は、あるツテで遺族と知り合い、一緒にポールの部屋に入ることができた。

1LDKの奥に大きなベッドがあり、枕元には母親の写真が飾ってあった。現場とみられる9階ベランダには、踏み台のようなものがそのまま置かれていた。つい先ほどまで、ポールがそこにいたのではないかと思えるような生々しい臨場感があった。発見されたときは、おなじみの白のブレザーに黒のズボン姿。携帯電話からは、連絡先がすべて消されていた。

当たり前といえば当たり前なのだが、やはり新聞記者にとっては「現場」が命である。警察など公的機関が発表した訃報より、取材で得たデータの方が臨場感にあふれ、ぐっと胸に迫るものがある。ポールがまるでその場にいて、私の取材に応じているような感覚に襲われた。

それにしてもなぜ彼は舞台衣装のまま飛び降りたのか。私は茨城県鹿嶋市まで足を運び、ポールが住職になった寺も訪ねた。寺の経営は厳しく、正門は閉じられ、広い境内に人の姿はなかった。彼は芸人としてどう生きるべきか悩んでいたに違いない。4回の結婚と離婚。派手に見えた芸能生活とは裏腹に、最後は独り暮らしだった。

寺の敷地を歩いていたら、黒っぽい犬が近づき、体を寄せてきた。「捨てられた犬を拾うと幸せになれる」とポールが世話をし、「ゲスト」と名付けた野良犬らしい。

このときの取材は、のちに朝日新聞の企画「惜別」欄で掲載され、いまでもこのときの体験が大きな転機になったと思っている。繰り返すが、「現場」こそ命である。

話を戻そう。朝日、毎日、読売、産経、日経の全国紙5紙で、「大衆文化担当」の編集委員というのは、どうやら私ひとりだけらしい。昭和歌謡・演歌、旅芝居、寅さん、色物芸、ストリップ、夜の風俗、酒場文化、怪異伝承、UFO、忍者、テキヤ、文学、哲学、歴史……。本当に色々な記事を書いた。他にも、北方領土問題に関しては、根室にいた三十数年前から取材を続けており、「国境記者」と呼ばれたこともあった。

振り返ると2003年、42歳のとき、最初の本『東京下町』(創森社)を出版した時、記念パーティーを北千住のグランドキャバレー「ハリウッド」を借り切って開いたのも良き思い出だ。「ハリウッド」を創業した福富太郎はまだ元気だった。生バンドの演奏が流れ、みんなで「浅草の唄」を歌った。「セイヤ、セイヤ!」の掛け声がフロアに響いたなあ。あのころは毎晩のように下町のモツ焼き酒場でチューハイを飲み歩き、酒場詩人の吉田類と8軒はしごしたこともあった。

その『東京下町』の序文にこんなことも書いた。

「私は毎晩のように路地裏で飲んだくれ、下町のディープな世界にどっぷり浸かってきました。でも困ったことに、もう軌道修正できません。『下町ワールド』の続編を求める声が、早くも私の周囲からは聞こえてきます」

あのころから、私は辺境や路地裏にこそ人間の真実があり、中央発の記事だけを書くことには違和感を抱くようになっていた。グローバリズムや明るい近代化コースから排除された人たちが放つ一瞬の光芒に惹かれたと言っていいだろう。大衆の心に広く根を張った「街ダネ」である。

そうした中、2010年春に前立腺がんが見つかった。摘出手術後も放射線やホルモン治療、薬物投与などを続けてきたが、再発。骨やリンパなどに転移し、ステージ4の末期がん患者となってしまった。

もちろん、誰もがいつかは死ぬだろうということは分かっている。しかし「自裁」を別にすれば、いつどのように死が訪れるのか、予想することはできない。

それなのに、医師からは「あなたが生きられるのも、あと○年くらいです」と一方的に言われてしまった。「医学的な根拠に基づく発言なのだろうが、俺の人生なのに、なんで勝手に言うんだ！」とその場で怒鳴りつけてやりたくなった。

こちらは決して歓迎もしていないのに、死が向こうから近づいてくる。何とも言えぬ嫌な感じがした。

さて、どうするべきか。あたふためいていても、絶望して都会のどこかの死角に身を隠し、ひっそり過ごしていても仕方がない。ならば、自ら病気になったことを逆に生かすことはできないか。

　幸いにも、私は「筆」（パソコン）があり、記事を書くことができる。新聞記者になって36年間に出会ったさまざまな著名人の死を引き合いに、コラムを書くことができないか、と思ったのが、新潮社のサイト「デイリー新潮」で2023年5月から始めた「メメント・モリな人たち」である。「メメント・モリ」とはラテン語の格言で「死を想え」「死を忘れるな」の意味がある。

　もちろん、死はそれを手にした瞬間、意識が消えている。死は理屈としては存在しても、自分がどのようにしてこの世から退場するのか、自分の死を自分で確かめることはできない。だが毎週、「メメント・モリな人たち」を書き続けることで、何かぼんやりと見えてくるものがあるのではないだろうか、と思うようになった。本書に掲載された29人は、それぞれ人生の幕の引き方は違うが、死を前にした「諦念」という境地では共鳴するものがある。

　私の脳裏には、ひとりの精神科医が浮かぶ。第2次世界大戦中、ナチスの強制収容所に収容されたヴィクトール・フランクルである。彼は、生き延びる見込みなど皆無の絶望下で生死を分けたのはユーモアだと『夜と霧』に書いた。それでも人生に「YES」

と言う姿勢、どんなにつらくても人生を肯定する心構えが大切なのだろう。

フランクルは「書く」という行為の中で、絶望をユーモアへと見事に転化させた。まさに知性ある人間のみがなしえる、知性によるサバイバルである。ならば一度も管理職に就かず、定年まで2年を切り、63歳になった私も、病気の悲哀を「諧謔」へ深めることはできないだろうか。

もちろん若いころのような馬力はない。不安やいらだち、恐怖、苦悩など感情の浮き沈みも毎日激しい。だが「老い」の戯れ言であっても、それが「養生訓」へと深化すれば物書きとして最高の喜びだ。

さあ、物語の始まりである。

スターの臨終●目次

Ⅰ　演じる人生――演じるとは、生きること

Ⅱ　歌う人生――歌は世につれ、世は歌につれ

Ⅲ　時代を映す人生――大衆のエネルギーと想い

Ⅳ　闘い続ける人生——闘魂・忍耐・孤独・挑戦

Ⅴ　笑わせる人生——心とからだにビタミンを

I

演じる人生

――演じるとは、生きること

渥美　清　［1928–1996］
光本幸子　［1943–2013］
大原麗子　［1946–2009］
八千草薫　［1931–2019］
沖　雅也　［1952–1983］
夏目雅子　［1957–1985］
川島なお美［1960–2015］

渥美　清　「板橋のドブで死んでるよ」

願った死に方

渥美清は不思議な人だった。強烈な上昇志向を持っていた反面、「人生なんてしょせんそんなもの」という諦めに似たようなものを心の片隅に潜ませていた。自分の死についても「板橋のほうの職安脇のドブに、頭を突っ込んでいるような死に方をしたい」と願っていた。板橋とは東京23区の北西の区。渥美にとっては、貧しかった少年時代、暮らした街である。生まれは東京・上野だったが、8歳のとき越してきた。渥美は小学校に昼の弁当を持ってこられず、支給された玄米飯を食べていた。あたりは一面の麦畑。西の空に富士山が見えたという。

通っていたのは志村第一尋常小学校（現在の板橋区立志村第一小学校）。勉強は大嫌い。授業を受ける時間より廊下で立たされている方が長かったという。が、記憶力は抜群。ラジオ放送の講談や落語は聞いたそばから覚えて学校で披露し、みんなを笑わせたそうである。

そんな板橋時代を懐かしむかのような「板橋のほうの職安」。渥美ならではの、ありありと目に浮かぶような表現である。職安に集まる失業者たちがこんな風に噂する情景も、渥美は思い浮かべた。

「こいつはテレビで昔見たことがある。渥美清という奴じゃないか」

浅草芸人の多くが、あれこれジタバタしても結局は花を咲かせず、無名のまま終わったのに対し、渥美は死後、国民栄誉賞を受賞するという名誉（？）にあずかった。

若いころ結核で入院。右肺を摘出した。病院は埼玉県の春日部市にあり、何かの機械を回すベルトの切れ端が天井からぶら下がっていて、風が吹くと「ピターン、ピターン」となったという。ベッドの上で、「♪赤い靴、はーいてたー」と大好きな歌を歌ったそうである。

「芸人は男か女か訳が分からないほうがいい」「氏素性などよけいな情報がないほうがいい」と言っていた。所詮、人間は孤独。ドブに頭を突っ込んで死ぬ、というのが浅草芸人らしい幕の引き方、と思っていたに違いない。ベタベタした人付き合いを嫌った。寅さん映画で共演した柄本《えもと》明は「人に触られたくないし、触りたくないというのかな。

あっさりしているんです」と語る。

１９９６年８月４日。転移性肺がんのため68歳で旅立ってから今年で28年になる。「もうそんなに早く時間が過ぎたんだ」と思うと呆然とする。関敬六（１９２８―２００６）や谷幹一（１９３２―２００７）ら親しかった芸人仲間と一緒に東京・新宿にある墓をお参りしたことが懐かしい。

本稿を執筆するにあたり、命日の数日前だったが、久しぶりに墓参りをした。墓地の周りにはタワーマンションが立ち並び、周囲の風景はすっかり変わったが、どこからかセミの鳴き声が聞こえてくる。この日の東京の最高気温は35・６度の猛暑日。暑い夏は、亡き人を偲ぶにふさわしい季節でもある。

墓石に渥美清の名はない。本名「田所康雄」の名が刻まれている。ファンの男性がひとり手を合わせていた。「８月４日になったら、友人たちとまた一緒に来るんです」と言う。俳優の三國連太郎（１９２３―２０１３）が28年前、お別れの会の弔辞で「いくら笑っておられても目だけは冷静にひとりひとりを見つめていた」と述べたように、非情なまでの現実主義者でもあった渥美だが、亡くなって28年経った今も、こうしてファンが訪れることはうれしいに違いない。

矛盾するようだが、渥美にはとても熱い血が流れていた。捨て身の演技には凄まじいまでの狂気がある反面、人情喜劇ではしたたかに「古き良き日本人」を演じ、観客の涙を誘った。人間の機微、社会の矛盾……。あの細い目で森羅万象の深いところを見ていたのだろう。

唯一の趣味といえるのが俳句だった。誘ったのは永六輔（1933—2016）といわれている。「五七五」の短い詩の中に重ね合わせる心象風景。「渥美ちゃんにピッタリ」と永は思った。渥美はこんな俳句を詠んだ。

《お遍路が一列に行く虹の中》
《赤とんぼじっとしたまま明日どうする》

赤とんぼは、渥美自身のことなのかもしれない。自らの肉体に巣くった病魔との闘いの中で、絶望や不安に駆られることも多かったに違いない。

突然、位牌を作った

私生活のほとんどを周囲に隠していた渥美だったが、例外は関敬六だった。「浅草フランス座」時代からの友人で、ともに1928（昭和3）年生まれ。四角い顔の渥美に対して、まん丸顔の関。泥くさいドタバタ喜劇役者でもあったが、関との友情は続いた。83年、岡山県の備中高梁で撮影された「男はつらいよ　口笛を吹く寅次郎」を思い起こす。この作品の中で、渥美は顔色も良く、乗っているのがよく分かる。まさに「面白い寅さん」を演じており、シリーズ50作の中でも最高傑作という見方をするファンも少なくない。

この撮影の合間、実に興味深い出来事があった。宿舎に戻る途中で渥美は突然、車を止めさせ、仏具屋に寄り、自分と関の位牌を作ったのである。当時2人は55歳。戒名はなく、渥美の位牌には「田所康雄之霊　昭和五十八年十一月二日　岡山県総社市にて朋友関敬六と之を作る」と刻まれたが、関の位牌には本名ではなく、「関敬六之霊」とあった。

「あのときは気づかなかったのだが、渥美やんはなぜ、自分の位牌だけに本名を記したのだろうか。俺は本名の関谷敬二ではなく、なぜ関敬六だったのだろう」

関はそのとき作った位牌を私に見せ、こんな疑問を吐露したことがあった。たしかに振り返ってみると、おかしな出来事だ。渥美は当時、「こういうのは験《げん》のもので、生きているうちに作っておくと、逆に長生きするぞ」と関を説得したというが、このころからすでに自らの「死」を意識していたのだろうか。

渥美は、放浪の俳人・尾崎放哉《ほうさい》にあこがれ、人知れず死ぬことを理想とし、戒名も望んでいなかった。位牌があれば十分と思っていたのだろう。60歳を過ぎ、がんを告知されてからは病的なまでに諦念が強くなる。周囲にこんなことを言っている。

「トンボのように、こう、ふらーっと、いつも自分の好きなところに出かけて生涯終われるんだったら、末は野垂れ死んでもいいいんじゃないですかね」

「ひとり静かに、誰もいない山道をとぼとぼ歩いていくんだよ。そうすると、枯れ葉がね、チャバチャバと手品師の花びらのように落ちてくるんだよ」

だが、「寅さん」という架空の人物を演じ続けていかなければならない宿命が、彼を苦しめる。がんが進行し、四角いトランクを提げ歩くだけでも大変だったはずなのに、つらそうな表情を顔に浮かべることはできない。

私も末期がん患者となり、抗がん剤治療を受けているが、急激に痩せてしまい、首筋などは骨が浮き彫りになってしまった。抗がん剤治療の影響を受けた渥美について「顔が化石みたい」「顔が三分の二くらい」などと生々しい表現すら共演者から飛び出した。確かに、がん細胞というのはものすごいスピードで正常な細胞を壊し、体をむしばんでいく。抗がん剤の副作用で、あの甲高く、よく響く渥美の声もかすれがちになってしまった。

寅さんに徹し、寅さんを愛した

渥美は「寅次郎の青春」(92年)の終わりごろから、首筋の衰えを隠すため、マフラーを巻くようになった。晩年の作品は出演できたこと自体が、ほんとうに「奇跡」に近いことだった。とはいえ、ロケの合間、笑顔を見せることはめっきり減り、サインや握手を求めるファンを無視することもあった。

「寅さん、愛想ないね」。事情を知らないファンから罵声が飛ぶ。「おい、天皇陛下だって手を振るぞ」と一緒に撮影していた関が渥美に注意したことがあったが、「もういいんだよ」と投げやりな答えしか返ってこなかった。

95年暮れに公開されたシリーズ第48作「寅次郎紅の花」まで作られた背景には「もう

1作、いやもう1作」という世間の期待もあった。渥美の晩年は、日本人の誰からも愛される寅さんのイメージに縛られ、がんじがらめになってしまったような気もする。虚構の人物像に「命」を吹き込むことは俳優として理想かも知れないが、寅さんの場合は、演じる渥美清という俳優の命まで飲み込み、押しつぶしてしまった面は否定できない。

友人の永や小沢昭一（1929―2012）がことあるごとに「寅さんだけが渥美清ではない。もっと広く、もっと深く、寅さんではない渥美清について語られるべきではないか」と憤慨していたが、たしかにその通りである。渥美が俳人の尾崎放哉や種田山頭火（1882―1940）を演じる企画を温めていた脚本家・早坂暁《あきら》は「彼は大きなものを持っていた。彼を通して昭和を描きたかった」と話していた。

だが、渥美は寅さんに徹し、寅さんを愛した。凡人の私などは、がん治療の今後に弱音を吐いてしまうこともあるが、彼は家族の前でも気丈に振る舞った。

すでに自らの運命を悟った渥美が家族に伝えた遺言は、「骨にしてから世間にお知らせしろ」。自分が亡くなったことはすぐに明らかにせず、荼毘に付してから発表しろ、という強い意志だった。その言葉通り、妻と長男、長女の3人だけで荒川区の町屋斎場で田所康雄（本名）の葬儀を営み、すべてが済んでから山田洋次監督に悲報を伝えた。

監督が目黒の田所家を訪ねたときは、渥美は小さな骨壺に入っていた。

遺言は見事に果たされた。とかく有名人の死はどこからかマスコミに伝わりやすいが、渥美が入院していた病院からは、訃報は一切漏れなかった。病院スタッフの思いやりを感じる。町屋斎場でも、まさか国民的人気者の渥美の葬儀とは誰も思わなかったのだろう。

ギリギリまで命を削り、「車寅次郎」を演じたのは俳優としての美学だろう。頑固で古風な昭和の男でもあったが、無垢な気持ちでやがて訪れる自分の死を見つめていたに違いない。

光本幸子　マドンナとは「我が淑女」

寅さんが「死ぬほど惚れた」

祭りや縁日とともに北に南に旅を続けたフーテンの寅さんが言っていた。

「ほら、見な。あんな雲になりてえんだよ」

風の吹くまま気の向くまま、四角いトランクを提げてポクポク歩く寅さん。だが、寝ても覚めてもまぶたの裏に浮かぶのは、あの人の面影ばかり。

さて、1969年公開の第1作で、すでに寅さんは最初の失恋を経験している。マドンナは和服が似合う冬子だった。

冬子は、東京は葛飾柴又、帝釈天こと題経寺の住職の娘。風来坊の寅さんにとっては「高嶺の花」だ。ところが、おちゃめな面もあった。彼女は寅さんを誘って昼はオートレース、夜は居酒屋の焼き鳥で一杯という流れになったものだから、寅さんが本気になるのも無理はない。実は冬子は、憂さ晴らしに寅さんをデートに誘っただけだった。大学教授の婚約者がおり、シリーズ最初の恋ははかなく散る。

あふれる涙をこらえるかのように、寅さんが素直な思いを告白する場面がある。

「お嬢さん、お笑い下さいまし。わたしは死ぬほどお嬢さんに惚れていたんでございます」

前書きが長くなったが、冬子を演じたのは劇団新派の舞台で活躍した光本幸子（本名・深谷幸子）だった。

「あっさり寅ちゃんを振るので『魔性の女』なんて雑誌に書かれました。でも、とんでもない！　寅ちゃんの幸せを誰よりも祈っていたのは冬子なんです」

以前、光本は私の取材にきっと前を見据えるようにそう答えた。冬子という役柄を演じたに過ぎないのに、どこか彼女自身と一体化しているような感じにも受け取れた。マドンナを演じたほかの俳優にも言えることだが、寅さん映画には出演者が役柄を超えてその人になりきってしまう不思議な魔力がある。ちなみに、マドンナとはイタリア語で「我が淑女」の意味がある。

それにしても、どうして光本が初代マドンナに選ばれたのだろう。

実を言うと、製作・配給の松竹は、当時、寅さん映画にあまり期待を寄せていなかった。日本文化の薫り漂う文芸路線を歩んでいた映画会社だっただけに、テキヤ風情の男が主人公の映画なんて所詮B級娯楽映画だとでも見なしていたのかもしれない。低予算だったこともあり、大物の映画俳優に声を掛けにくかったという台所事情もあったのだろう。

「でも、寅さんが惚れるくらい美しい女性でないとドラマは成立しない」とは原作者でもある山田監督の言葉だ。

光本は新橋演舞場に出ていたとき、客席の後ろのほうから双眼鏡で自分を追っている人がいるのに気づいた。視線が合うと双眼鏡を下に置く。照明の光がレンズに反射するのですぐに分かったという。

山田監督だった。当時まだ37歳の青年監督だった。

あのとき恋心に気づいていたら

当時25歳の光本は「映画みたいな大きな画面に出るなんて恥ずかしい」と最初は出演を渋った。その後、どうにかこうにかして出演を承諾。神奈川県鎌倉市にあった松竹大船撮影所での衣装合わせのとき山田監督と初めて会った。そのときの印象が面白い。

「伏し目がちで、少ししゃべるとまた下を向かれる。照れ屋さんでした。でも、舞台ひと筋の私を、別の世界にいざなってくれた監督には感謝しています」

光本は花柳界の中心、東京・柳橋で育った。チャキチャキの江戸っ子である。「光本」は母が経営していた料亭の屋号だ。初代・水谷八重子（1905―1979）に師事し、小学6年生のとき明治座の舞台に上がった。NHKの連続テレビ小説「たまゆら」で人気者となり、水谷良重（2代目・水谷八重子）、波乃久里子とともに新派の三人娘と呼ばれた。気品ある演技は「花柳界」という育った環境によるのかもしれない。

結婚し、一度は芸能界から身を引いた。潔くさばさばした性格は、マドンナ・冬子に似ていなくもない。「あっけらかんとしているのかしら。天真爛漫って言ったら言い過ぎかしら」と苦笑いしながら語っていたのを覚えている。取材をきっかけに仲良くなった私を、日本橋の天ぷら屋さんに連れて行ってくださったのは本当に夢のような時間だった。

光本は1984年に俳優に復帰する。96年8月4日、寅さんを演じた渥美が急逝したときはこんなコメントを出した。

「私自身が映画初出演だった。私はいわば寅さんの初恋役。寅さんの恋心に気づかない役柄だったのですが、あのとき恋心に気づいていたら、寅さんもこんなに続かなかったのかな、なんて、ふと思ってしまったりして……」

そんな寅さんの世界を再現した「葛飾柴又寅さん記念館」（東京都葛飾区）が2000年9月30日、新装オープンしたときの取材で、私は初めて光本に会った。会場となった中庭は、約500人の観光客らで身動きできないほどの混雑ぶり。帝釈天の参道沿いにある団子屋のおかみさんたちや寅さんそっくりの服装で現れた人もいる中で、和服姿の光本はひときわ華やいで見えた。寅さん映画でテキヤ仲間のポンシュウなどを演じた先述の関敬六も隣に座っており、2人で楽しそうに談笑していた姿をよく覚えている。

名誉館長でもある山田監督は式典で「古き良き時代のニッポンという大事なコンセプトを伝えるにはどうすればいいのか考えた。10年先も20年先も愛され続けてほしい」とあいさつ。光本も「ここに来ると、寅ちゃんにいつでも会えるような気がします。柴又は私のふる里です」と笑顔で語った。

「もう一度舞台に立ちたい」

その後、折に触れて取材でお会いしてきたが、彼女ががんに侵されていたとは知らなかった。がんが発覚したのは２０１１年だと、亡くなった後に知った。完治したかに思えたが、再発してしまった。周囲には何も言わなかった。

最後の公の仕事は12年12月15日、銀座で開かれた「男はつらいよ」の特集上映会の初日だった。娯楽映画研究家の佐藤利明とのトークショーに出たのだが、楽屋では「首の周りが痛い」と言っていたという。その後、まもなく入院した。

「もう一度舞台に立ちたい」

そんな願いもむなしく病状は悪化し、３人の子どもに看取られ13年2月22日に旅立った。病気についてはご本人の遺志もあり、本稿ではこれ以上触れないことにする。

実は亡くなった日、私は朝日新聞東京社会部ＯＢの勉強会に呼ばれ、都内で最近の仕事についてミニ講演をしていた。当時、私にはすでに「大衆文化担当」という肩書がついていたものだから、社会部ＯＢは「面白い記者が現れたものだ」と歓迎してくれたのである。社会部の懐の深さを改めて痛感した時間でもあった。そんな勉強会が佳境に入っていたとき、築地の本社からの電話が鳴った。「ＯＢの中江さんという方から小泉さんに電話がありました」。朝日新聞社元社長の中江利忠からだった。「何があったのだろう?」と困惑しつつ電話をかけると、「光本さんが亡くなった。それを君に知らせたくてね」と言う。実は中江は明治座の舞台が縁で、光本と懇意にしていたのである。元社長といっても私たちと同じ元新聞記者。訃報の特ダネを他社に先駆けて知らせてくれたのには本当に感謝している。

翌日の朝刊社会面に、私は訃報「光本幸子さん死去、寅さん初代マドンナ」を書いた。「光本　幸子さん（みつもと・さちこ＝俳優、本名深谷幸子〈ふかや・さちこ〉）22日、食道がんで死去、69歳。葬儀は未定。施主は次男深谷慶介さん。初代水谷八重子に師事し、1955年に舞台デビュー。65年のNHK連続テレビ小説『たまゆら』で人気を集め、水谷良重、波乃久里子とともに新派の三人娘と呼ばれた。69年、『男はつらいよ』の第1作では、笠智衆《りゅうちしゅう》演じる御前様の娘冬子の役で初代マドンナを務めた。『なよたけ』など舞台も多数。97年、菊田一夫演劇賞」

訃報に際し、山田監督は「新派で鍛えられた演技力の確かさと、背筋の通った凜とした美しさは、シリーズの初代マドンナにふさわしいものでした」とコメントを寄せた。

品川区の桐ヶ谷斎場で営まれた告別式。祭壇には寅さんとのツーショットや舞台の写真が飾られた。友人は「あなたはいつまでも天真爛漫なお嬢さんでした」と、遺影に向かって語りかけた。あの日、初春のあふれんばかりの陽光が降り注いでいた。

大原麗子　病魔との闘い、62歳の孤独死

62歳の孤独死

寅さんの恋は純粋である。美しいマドンナが目の前に現れても、指一本触れなかった。「そこが渡世人のつれぇところよ」。そう粋がって、四角いトランクを手に旅の空――。

だが、この女性の前では、さすがの寅さんも心が乱れに乱れた。第22作「噂の寅次郎」(78年)の早苗。そして第34作「寅次郎真実一路」(84年)のふじ子。麗しい容姿に罪深いほどの色っぽさ、そして甘くハスキーな声。無意識に男の気を惹くような小悪魔的な雰囲気をまとっていた。

いずれの役も演じたのは大原麗子。運命のいたずらか、単なる偶然か、第22作の時は俳優・渡瀬恒彦(1944―2017)と、第34作の時は歌手・森進一と離婚した直後だった。そう知りながら映画をもう一度見ると、沈鬱な表情が実にリアルに迫ってくる。

落語界きっての寅さんマニアの立川志らくが、寅さんシリーズのマドンナの中で「一

番輝いていて美しい」と絶賛したのが大原である。また、ビデオリサーチによる「テレビタレントイメージ調査」では、通算13回も人気タレントランキング女性タレント部門1位に選ばれた。

大原のキャラクターを確立させたのが、1977年から10年間続いたサントリーレッドのCM「すこし愛して、なが～く愛して。」シリーズだ。おちゃめで勝ち気だけど可愛い。あんな女性がそばにいたらなあ、などと鼻の下を長くしたオジサンたちも多かったに違いない

しかし、そんな彼女の最期は悲しいものだった。2009年8月6日、東京・世田谷の自宅で冷たくなっているのを、実弟と成城警察の署員が見つけたという。62歳の孤独死である。

当時の朝日新聞によると、実はこの3日前、弟から署に「2週間前から姉と連絡が取れない」との通報があった。6日になって弟の都合がつき、同日午後7時すぎに署員とともに大原の自宅に入った。2階寝室のドアを開けたところ、仰向けで倒れていたという。

大原の自宅は施錠され、外部からの侵入や物色の跡などがないことから、事件性はな

いと警察は判断した。実弟がのちに報道関係者に明かしたところによると、左目の周りに青いアザのようなものができていた。殴られたのではなく、脳内出血した血液の一部が流れた跡だという。死因は不整脈による脳内出血。死後3日が経っていた。

その頃、大原は90歳を超える母親と一緒に暮らしていたが、母親が施設に入ってからは一人暮らしだったという。

「女優」でなく「俳優」

大原の晩年は病魔との闘いだった。47歳の時、乳がんの手術を受け、うつ病にも悩まされていた。さらに、20代の頃に発症したギラン・バレー症候群が再発。免疫が異変を起こして運動神経を攻撃することが原因で、急に手や脚に力が入らなくなり、歩行障害などを引き起こす進行性の難病である。亡くなる前年の11月、自宅で転倒し、右手首2カ所を骨折。その際、インターホン越しに取材に答えた大原は、涙声で「歩くのがやっとなんです」と話したという。

実弟によると、大原が亡くなった時、1・5メートルから2メートルほど離れたところに携帯電話が置かれていたという。そのわずかな距離ですら、彼女は移動することが難しかったのかもしれない。

大原は、１９４６年11月、東京・文京区小石川で和菓子店を営む大原家の長女として生まれた。店は繁盛し、暮らしは裕福だったが、家庭は大きな問題を抱えていた。父親が日常的に母親と大原を殴ったのだ。さらに、住み込みで働く従業員と関係を持った。大原が中学に入ったのに合わせて、両親は離婚した。

子どもの頃から俳優を夢見ていた大原は、高校を卒業した64年、ＮＨＫ新人オーディションに合格し、ドラマ「幸福試験」に出演を果たす。翌65年、東映に入社し、「孤独の賭け」で映画デビュー。そして「網走番外地」（65～67年）や「不良番長」（68年）のシリーズで人気者になる。

「獄門島」（77年）や「おはん」（84年）といった話題作にも出演したが、やはり大原といえば、寅さんシリーズの２度のマドンナ役、そして、高倉健（１９３１―２０１４）演じる主人公を一途に愛する女性を演じて高く評価された「居酒屋兆治」（83年）を思い出す人が多いだろう。

さらにＮＨＫ大河ドラマ「春日局」（89年）では、烈女のイメージが強いおふく（春日局）を母性愛にあふれた女性として演じた。

大原は、「女優」と呼ばれるのを嫌ったという。その理由について、彼女は「自分はあくまでも容姿ではなく演技だけで評価されたい。『女優』ではなく『俳優』なんです」と語っていた。頑固なところがあり、台本で気になる点があると脚本家に書き直しを求めた。なかなか意見が通らず、降板したことも何度かあったという。離婚会見で、大原が「家庭に男が2人いた」と結婚生活を振り返り話題となった。仕事を続けたいと考えていた大原と、子どもを欲しがった森では家庭生活に対する考え方が違っていたのだろう。

ところで、大原が亡くなった年の暮れ、テレビ東京系で「愛と涙の女優伝説」という番組が放送され、大原の自宅が初めてテレビに映された。一人暮らしでは寂しすぎる広さ。カメラは大原が残していたスクラップブックの中身にも迫った。雑誌などの切り抜きとメモ書き。やはり人知れず努力を重ねていた。病と戦いながら、大原は周囲に「もう一度きっちり病気を治して仕事に復帰します」と話していたという。

存在感で勝負する女優

悲報を知った山田洋次は、当時こんなコメントを出した。

「寅さんシリーズで2回登場してもらいましたが、本当に魅力的なマドンナでした。キラキラ光るまなざしや、独特の甘い声にはスタッフまでがうっとりしたものです。暫くスクリーンやテレビから遠ざかっていたので、どうしたのか、お元気なのだろうか、と心配していた矢先なので、ただただ驚いています。とても悲しいです」

山田監督は芝居に向き合う大原の真摯な姿勢を高く評価していた。大原はスケジュール過密な売れっ子だったが、九州ロケ（第34作「寅次郎真実一路」）の時などは1週間じっくりと撮影に参加。スタッフには終始、協力的な態度で臨んだという。映画を見る人を大切にしたい。多くの人から支持されたい。そんな気持ちが強かったのだろう。

ファンの声を常に大切にし、ファンレターには自ら返事を書いたそうだ。「ファンとの手紙のやりとりが、演技のためになる」とまで話していたという。

没後、映画監督の降旗康男（1934―2019）はこんなコメントを寄せた。

「狂っているように見せずに狂っていく、狂っているゆえに美しく見える。これは大原さんしか出来なかったでしょうね。ある意味、彼女の人生そのものだったようにも思えてきます。（中略）どんな役でもこなせる器用さはなかったけれど、自分に合う役を演じた時は本当にすごかった。存在感で勝負する女優だったんですね。緊張感のある美しさというか、さわるとすぐに壊れちゃいそうな美しさを感じました」（朝日新聞・8月10

日夕刊be［週末の別冊版］）

まさに大原にふさわしい「送る言葉」である。

8月23日には青山葬儀所（東京・港区）で「お別れの会」が営まれ、森光子（1920―2012）、浅丘ルリ子、渡辺プロダクションの名誉会長・渡辺美佐、テレビプロデューサー・石井ふく子、故・美空ひばり（1937―1989）の長男・加藤和也ら関係者約400人が別れを惜しんだ。じーんと胸に迫ってきたのは親友・浅丘の言葉である。

「あまり遺影は見られません。まだ自分の心の中で整理ができていませんし、私は麗子に怒っています。でも、一番嬉しかったのは、渡瀬（恒彦）さんと森（進一）君が来てくれたこと。本当にみなさん優しくて、こういう形でお別れ会ができて良かったと思っています。あちらに行っても、みんなに可愛がられて、憎まれ口をきかないで、ちゃんとみんなと一緒に仲良くしていただきたいです」

「お別れの会」には元夫の渡瀬と森の2人も参列した。「孤独死」だったが、最期は多くの人に見送られ、決して孤独ではなかった。その麗しい姿は、永遠に語り継がれるだろう。

八千草薫　「今という時間」を前向きに

「やはり喜劇は難しい」

男と女の仲は、数学の方程式を解くように単純にはいかない。寅さんもそうで、あと一歩、もう一歩という時に「ジョ、冗談じゃないよ」、そう言って美しいマドンナから逃げてしまったこともある。1972年12月公開のシリーズ第10作「寅次郎夢枕」のクライマックスシーンである。

マドンナを演じたのは八千草薫（本名・谷口瞳）。役柄は寅さんの幼なじみ・志村千代。大きな呉服店の娘だったが、結婚後、実家は倒産。父親は病死し、夫とは2年前に離婚。柴又で1カ月前から美容院を開いていた。子どもと離れて独り身の千代。寅さんの心の底からの優しさに触れ、「寅さんとなら結婚してもいい」と思うようになった。

シリーズ50作の中でもファンの胸に熱く残るマドンナを演じた八千草。私が単独インタビューしたのは2011年だった。東京・築地にある朝日新聞東京本社のレストラン

八千草薫

でお会いした姿は、清らかで優しくて愛らしいイメージ通りの方だった。おっとりとして、かわいいお母さんという雰囲気もまとっていた。

「寅次郎夢枕」は、松竹大船撮影所（神奈川県鎌倉市）で撮影された。おいちゃんやおばちゃんなど、おなじみの寅さんファミリーが勢揃いしていたことを思い出しながら、八千草はこう語った。

「何本もやっていてリラックスされ、にぎやかなのかと思いましたが、ピリッとした空気なのです。びっくりしました」

さらに、「やはり喜劇は難しい。少しのタイミングのずれで、笑えなくなってしまう。山田監督は何度も何度もテストを繰り返しました」と当時のことを振り返った。

2019年10月24日、膵臓がんのため88歳で旅立った八千草。まずはその華麗な経歴を振り返ってみよう。

1931（昭和6）年、大阪府出身。1947年に宝塚歌劇団に入り、娘役として「源氏物語」の若紫（紫の上の少女時代）役などを演じて人気を博す。1951年に映画デビューを果たし、54～56年公開「宮本武蔵」3部作（稲垣浩監督＝1905―1980）で三船敏郎（1920―1997）演じる武蔵をひたむきに愛するお通に扮して注目された。55年公開の日伊合作映画「蝶々夫人」（カルミネ・ガローネ監督＝1886―1973）ではヒロインのマダム・バタフライを演じて清らかで愛らしいイメージが定着した。

転機になったのは1977年に放送された山田太一（1934―2023）脚本の連続テレビドラマ「岸辺のアルバム」（TBS系）だ。八千草は当時40代。演じたのは東京郊外にマイホームを持つ核家族の平凡な専業主婦だったが、中年男性との不倫に走り、少しずつ艶っぽくなっていく。八千草が不倫女性を演じるその意外性と「ああ、そういうこともあるなあ」と納得してしまうリアリティーのあるストーリーがお茶の間に衝撃を与え、47年経った今も「日本のドラマの最高峰」と称されている。八千草が演じれば、不倫に溺れる人妻でも清潔感が漂うから不思議である。

それにしても長い芸能活動だった。宝塚に入団したのが1947年だから70年以上も芸能活動を続けてきたことになる。亡くなった2019年に出版した随想録『まあまあふうふう。』（主婦と生活社）では、こんな風に自らの思いを打ち明けている。

「あの役を演じたい、この作品に出たいという欲はまったくありません。俳優が自分に向いているのかとずっと疑問でした」

自然を愛した

忙しい俳優業の傍ら自然保護活動にも力を注いだ。環境省から要請され、自然環境保全審議会の委員も務めた。映画監督だった夫の谷口千吉（1912―2007）と国内外の山に登り、自宅では犬や猫を愛した。「オオカミを飼うのが叶わぬ夢」などとしばしば語っている。登山についてはさまざまなエピソードがある。ヒマラヤの麓で寝袋から眺めた星空の感激を、瞳を輝かせながら語った。

「空に光っているなんてものじゃない。まるで星と星とがガツンガツンぶつかり合っているようなんです」（朝日新聞・1985年10月26日朝刊「ひと」欄）

アフリカ大陸最高峰のキリマンジャロやフランスとイタリアの国境に位置するモンブランにも登った。幼いころ空気の良い六甲山麓の祖父の家に預けられ大自然の中で過ごすうちに、健脚で丈夫な体になったのだろう。映画界に入っても野外での撮影を楽しんだ。「宮本武蔵」のロケで初夏の日光に3カ月間、籠ったことも懐かしんだ。「顔が生き生きしているね」と周囲から冷やかされたという。

八ケ岳に山荘を持ち、暇さえあれば夫と一緒に出かけた。草花をスケッチしたり、読書をしたり。澄んだ空気が肌をなでる。東京に帰るのが本当にイヤだったそうだ。

いつまでもお元気でいてほしいとファンの1人として願っていたが、現実は残酷だ。88歳の死を惜しむ声。「男はつらいよ」の50作目公開を控えていた山田監督は八千草をマドンナ役に起用したことに触れ、「若い時からの憧れの人でした。（12月公開の）新作にも八千草さんの美しいクローズアップがあるので、それを通じてお別れを言ってください」。同作で共演したさくら役の倍賞千恵子は「お兄ちゃん（渥美清）から（2人とも額が広いので）『似ている。ラッキョウみたい』と言われるシーンを思い出しました。とても優しい方でした。残念です」と懐かしんだ。

しゃべり方もおしとやか。清純なイメージのまま生きた人だったと言えるだろう。「その一方、芯が強いところもあったようで、その強さがあったことが最後まで長く女優を続けられた理由の一つではないでしょうか」

往年の名優たちがキャスティングされて話題を集めた倉本聰脚本の昼ドラマ「やすらぎの郷」（2017年、テレビ朝日系）で共演した石坂浩二は集まった報道陣にこう話した。石坂が言うとおり彼女は「芯の強い人」だった。映画やドラマでは、これまでのイメージを裏切るような演技が求められる場合がある。そういった場面に、真正面から向き合う強さこそが俳優としての力量なのだろう。

原点は戦争体験

もともとは引っ込み思案で人見知りだったという八千草が、俳優を志したのには戦争体験があった。1945年8月、大阪・天王寺の自宅が焼けたのは、敗戦の1週間ほど前の夜だった。裏から上がった火の手が燃え広がり、自宅を襲うのを道路を隔てたところから見ていたという。父はすでに他界しており、母と近くの家の2階を借りた。見渡す限りの焼け野原。台風が来た時はさえぎるものがなく、窓が割れて風が吹き抜けていった。

翌年、新聞で「宝塚音楽学校、生徒募集」という記事を読んだ。目に飛び込んできたのは「宝塚」と「音楽」という文字。それまでの世の中とは違うキラキラとした輝きを感じた。「色のある世界へ飛び込みたい」と宝塚を受験した。

今回、私は八千草の人柄を物語る資料がないか、あれこれ調べた。すると、今年4月に呼吸不全のため78歳で亡くなった詩人・星野富弘（1946―2024）の著作『四季抄　風の旅』（立風書房・1982年）から大きな影響を受けたことがわかった。人としての強さと優しさなのだろうが、八千草はこう書いている。

「首から下は全身麻痺で手も足も動かない星野さんが、筆を口にくわえて書いたこの詩と絵は何故こんなに明るいのでしょうか。この境地に到達するまでの星野さんは、その絶望と苦悩をどうやって乗り越えられたのか。肉体の自由を失ったその分だけ精神の自由が花ひらいたとでも解釈すればよいのでしょうか。自分がいかにノン気に生きているかと恥ずかしい思いがしました」(朝日新聞・1990年8月20日朝刊「こころ」欄)

八千草の目は、美しい景色を100倍も1000倍も見てきた代わりに、汚いもの、どす黒いものも100倍も1000倍も見てきたに違いない。でも、汚いものをきれいに変える努力もひたすら続けてきた人だった。憧れの女性、理想の主婦、望ましいお母さん。さまざまな形容が浮かぶが、「今という時間」をきちんと前向きに生きた人でもあった。

沖　雅也　倍速で生きた男

「おやじ、涅槃で待つ」

マカロニ、デンカ、ゴリ、テキサス、ロッキー……。

１９７２（昭和47）年に始まったテレビドラマ「太陽にほえろ！」に登場する刑事には、それぞれユニークなニックネームが付いていた。松田優作（１９４９―１９８９）が演じたジーパン刑事・柴田純もそのひとり。男に撃たれ、「な、な、なんじゃ、こりゃー！」と手に付いた血を見て叫び、殉職を遂げるシーンは、今も語り草の名場面である。

当時、私は小学生。「男っぽいなあ〜」と毎回胸を躍らせながらドラマを見ていた。

中でも気になる刑事がいた。若いがキザなスコッチ刑事・滝隆一。「ダンディー」という言葉が似合う刑事だった。１９７６年9月10日放送の第２１７話から登場した。

三つ揃いの英国製スーツに身を固め、ワイシャツの襟はどこまでも高く、煙草は高級サン・モリッツ。紅茶を愛する紳士である。だが、初日から遅刻し、同僚に挨拶すらなく、上司の命令も無視。一方、犯人を容赦なく追い詰める非情な男でもあった。自分の感情をあまり表に出さないクールな男と言えるだろう。

演じたのは当時24歳の沖雅也。「甘いマスク」だが冷たいスコッチ刑事の内に秘めた「優しさ」を表現するのに、ぴったりな顔立ちだったのではないか。「太陽にほえろ！」という超人気ドラマでの難役を見事に演じたと言えるだろう。将来が楽しみな役者だった。

だが、1983（昭和58）年6月28日、沖は東京・西新宿の高層ホテルから身を投げ、31歳の生涯を終えた。最上階（47階）の非常口バルコニーにいた沖を警備員が発見し、「危ない」と声を掛けたが間に合わなかったと言われている。

いずれにしても、あの日、何があったのか、当日の朝日新聞夕刊をもとに3日前から振り返る。

6月25日の昼間、沖は大阪で女性ファンの集いに出席。その後、帰京。義父と一緒に自宅でテレビを見て、夜11時過ぎに就寝したという。

26日朝、沖がいないことに義父が気づく。沖が西新宿のホテルに泊まり始めたのはこの日かららしい。チェックインの際は偽名を使ったと言われている。

28日、飛び降りは午前5時ごろか。泊まっていた部屋から義父宛に書かれた遺書が見つかる。ホテル備え付けの便箋1枚に「おやじ、涅槃《ねはん》で待つ」と書かれていた。

同日朝、新宿警察署からの連絡を受け、同署に義父が駆けつける。詰めかけたマスコミに、「仕事でも何でも、とことん突き詰めて考える性格だった。一時、すごく落ち込んだことがあるので、精神科の医師に診てもらったことがあるが、最近は思い当たる節はない」と涙ながらに語ったという。「思い当たる節はない」と義父は言ったが、テレビ関係者によると全く別の話が出てくる。

2年ほど前に極端に塞ぎ込んで交通事故を起こし、自殺未遂ではないかと騒がれたこともあった。事故は東名高速道路で発生。中央分離帯のノリ面に乗り上げて横転。沖は愛車のキャデラックを運転し、両足首に2週間のけがを負った。

このころ、精神状態が不安定になり、仕事を休むこともあったそうだ。朝日新聞は当時、テレビ「必殺」シリーズで共演した俳優・藤田まこと（1933―2010）のコメントを掲載している。

藤田は沖がデビューしたころを振り返り、「若くてキラキラ輝いた役者さんが出てきたな」と思ったという。その一方で、「芝居で悩みを抱えていたようだった。話の途中で立っていったり、映画の話をしていたかと思うと公演の話になったり、話に一貫性がなく、ヘンだと思ったこともある」とインタビューに答えている。

沖の死は芸能界に大きな衝撃を与えた。亡くなる1週間前にテレビの生放送で共演したばかりだったという歌手の八代亜紀（1950―2023）のショックは大きかった。以前、私の取材にこう明かした。

「動揺してしまい、自宅の階段を下りようとして足を踏み外し、転げ落ちてしまいました。ダダダダーンという大きな音と共に、腰を強く打ち、強い痛みが走りました。でも、その日はテレビの歌番組の仕事があり、しかも生放送でした。キャンセルはできません。痛さを我慢して出演しました」

順風満帆にスタートした俳優業

沖は、1952（昭和27）年、大分県別府市出身。高校1年のときに家庭内の不和から家出し、上京。ラーメン屋の店員、カステラ工場の発送係などの職を転々とした。勤め先のバーでファッション関係の客にスカウトされ、モデルを経て1968（昭和43）年に日活ニューフェイスとしてデビューした。初出演の映画は、同期生の丘みつ子と共演した「ある少女の告白　純潔」（森永健次郎監督＝1909—1994）だった。

その後は順風満帆だった。長身でクールなマスクのハードボイルド派の俳優として売れっ子に。前述の通り、朝日放送の「必殺」シリーズでも活躍している。一方で親から「学校だけは大切」と言われたのだろうか、俳優業の傍ら通信教育で高校を卒業している。

沖の死については、義父（H氏）との関係が何かと取りざたされてきた。スキャンダラスにいまもネット上でさまざまな説が流れている。ただし、ここでは義父との関係について深く干渉するのはよそう。

義父は実業家として悠々自適の暮らしを続けていたが、新宿2丁目で経営していた店は不況のあおりを受けて閉店。カネにまつわるトラブルも何かと多かったらしい。

2008年9月24日、朝日新聞夕刊社会面に小さなベタ記事が載った。虚偽の退職金名目で現金150万円を脅し取ったとして、H氏が暴力団組員とともに恐喝容疑などで警視庁大崎署に逮捕されたという。同署によると、H氏らは勤務していた品川区の会社の女性社長を脅迫。「給料3カ月分を補償しろ」と詰め寄り、金を脅し取った疑いがあるという。H氏は懲役刑が確定したが、覚醒剤の所持・使用をめぐっても逮捕されている。2015年2月にひっそりと亡くなった。

「普通の人の倍のスピードで生きた」

沖は、見かけによらず、盆栽が趣味だったという。内面の美しさを引き出したいと思っていたのだろうか。何かと静かに思い詰めてしまうタイプだったのだろうか。

ところで、遺書に「涅槃で待つ」とあったが、涅槃とはどういう意味があるのだろう。広辞苑によると「煩悩をなくして絶対的な静寂に達した状態。（中略）仏教における理想の境地」とある。この言葉を使った沖は、どんな心境だったのだろうか。弱肉強食の芸能界。カネ、名誉、欲にまみれ、暗黙の了解で事が進んだケースも多かっただろう。タブーに対して「それは間違っている」と正論を唱えられないこともあったに違いない。元来まっすぐな性格の沖は、芸能界になじむことがなかなかできなかったのだろう。

沖と親しかった友人は、その死について「普通の人の倍のスピードで生きていたので、疲れてしまったのだろう」と話した。

私は芸人のポール牧と牧伸二のことを思い起こす。2人とも身を投げて、自らの命を絶った。そして2人とも根はとても真面目で、芸に取り組む姿勢も真剣だった。芸能界の良いところも悪いところも、全部吸い取ってしまった。だから大変だったというか、すごく消耗するというか、疲れてしまったのではないだろうか。

沖も研ぎ澄まされていて繊細な神経の持ち主だったに違いない。ギリギリ紙一重のところで、あちらの世界に逝ってしまった。才気あふれる役者だっただけに、その死は惜しまれて仕方がない。

夏目雅子　「いさぎよく生きたい」

夏が似合う昭和の名女優

演技が良かった。美しかった。活躍した時期が自分の青春と重なる――。人によって理由は様々だろう。朝日新聞の朝刊beが「あなたが選ぶ昭和の名女優」と題し読者アンケートをしたことがある（2011年2月12日掲載）。夏目雅子は、吉永小百合に続く2位。ちなみに、3位は大原麗子、4位は八千草薫、5位は池内淳子（1933―2010）だった。

急性骨髄性白血病に侵され、1985年9月11日、肺炎のため27歳で早逝。清純でキラキラ輝く美しいイメージのまま、突然、私たちの前から旅立った夏目は、人々の心の中で永遠の存在になった。若くして難病で亡くなった悲劇が、「永遠の聖女」として語り継がれる要因になった。死後、何度も夏目雅子ブームが起きたのは、亡くなったことで神格化され、汚すことができない存在となったこともあるだろう。

それにしても、白血病とは……。しかも、女優として脂が乗り、これからの活躍が期待されていたときである。

白血病とは骨髄など造血組織にできる悪性腫瘍だ。白血球が異常に増え、血液を通して病気が全身に広がるため治療が難しいとされる。夏目は東京・新宿区内の病院で亡くなったが、病院には新宿の夜景が見えるフロアがある。筆者もその病院に入院したことがあり、夜景を見るのが楽しみだった。夏目も黄金のようにキラキラ輝くネオンの海を眺めたに違いない。

夏目は1957年12月生まれ。実家は東京・六本木で輸入雑貨店を営んでいた。東京女学館小学校から同中学校、同高校へ進学。10代のとき、ヴィットリオ・デ・シーカ監督（1901―1974）の映画「ひまわり」（70年）を見て主演のソフィア・ローレンに憧れ、女優への道を志したといわれる。

芸能界入りを両親は猛反対したらしいが、東京女学館短期大学に在学中の76年、日本テレビのドラマ「愛が見えますか…」のヒロインに選ばれる。

77年にはカネボウ化粧品のキャンペーンガールに抜擢され、ヒットCM「Oh！クッキーフェイス」に出演した。こんがりと日焼けした小麦色の肌。夏目は抜群のスタイルのボディーを、極小ビキニで惜しげもなく披露した。「夏目」の芸名は、このCMが夏をイメージするものだったことから生まれたという。たしかに、あの笑顔は、ヒマワリが咲く夏がよく似合う。

海に浮かべたフロートに寝そべったり、ビキニ姿でラクダに乗ったりする彼女の姿は衝撃的だった。当時の夏目は19歳。このときのCMディレクターが、後に夫となる伊集院静（1950―2023）だったという。

翌78年には、ドラマ「西遊記」（日本テレビ）で丸刈り姿も美しい三蔵法師を演じ、お茶の間の人気者になる。本来は男性である三蔵法師を、女性の夏目が演じたことが話題を呼んだ。高貴で中性的な三蔵法師の誕生である。夏目の起用は大成功。ドラマは大ヒットである。夏目の知名度が一気に全国区にアップしたことは間違いない。

そのころ筆者は、小説家・横溝正史（1902―1981）原作のサスペンスドラマシリーズ（TBS系/毎日放送制作）を毎週のように見ており、「悪魔の手毬唄」で夏目がヒロインを演じたのをよく覚えている。ドロドロとした血なまぐさい連続殺人事件が中国地方の山深い里で起きたのだが、夏目が登場したことでドラマに爽やかな風が吹き込んだように思えた（もちろん彼女は犯人ではない）。

「なめたらいかんぜよ！」と夏目が啖呵を切った映画「鬼龍院花子の生涯」（82年）も懐かしい。彼女は同作でブルーリボン賞の主演女優賞を受賞。土佐弁のこのセリフを、あのころはみんながマネした。

筆者は、夏目の死の前年に公開された遺作映画「瀬戸内少年野球団」（84年）を推したい。原作は作詞家・阿久悠（1937―2007）の自伝的小説だ。敗戦直後の兵庫県・淡路島を舞台に、野球を通じて児童らの心を支えようとする夏目扮する小学校教師・中井駒子と、彼女を取り巻く人々の物語である。

撮影の合間の84年4月6日、こんなことがあった。夏目ら俳優陣や篠田正浩監督をはじめとするスタッフが、ロケ地となった徳島県阿南《あなん》市立新野《あらたの》小・中学校の共用グラウンドに集まった。参加した地元エキストラは子どもを含めて約300人。その時撮った記念写真がある。割烹着の女性らの中で、野球帽の夏目が笑っている。強烈なエロチシズムを持ちながら、品格を漂わせていた夏目に、周囲の人は爽やかな感動を覚えたに違いない。さらに、同作の撮影中には、ホームシックの子役らと一緒に風呂に入ったり、漢字の勉強を手伝ったり……。人気女優とは思えないほど、気さくで思いやりのある人だったという。

単なる美しい女優ではなく、演技がしっかりしていて芯もあったのだろう。うるさ型の映画監督からの評判もよく、「再び使ってみたい女優」としてはナンバーワンだったそうである。

「公演をやめろと言うなら死んでやる」

85年2月、西武劇場（東京・渋谷）の2月公演「愚かな女」で主役を務めていた夏目は疲労感を覚え、同14日夜、前述した都内の病院で医師から入院を宣告された。公演は中止になった。このとき「公演をやめろと言うなら死んでやる」と夏目は叫び、泣き崩れたという。

筆者も14年前にがんになり、病巣を手術で摘出。放射線治療も始め、一度は落ち着いたかと思ったが、数年前から再び様子が悪くなった。がんが再発し、ステージも上がったことを主治医から告げられた。その瞬間、目の前が真っ暗になった。

夏目は病が発覚したとき、まだ27歳。しかも当時は「不治」のイメージが強い白血病である。その衝撃はいかばかりか。

この年の9月11日に夏目は旅立ち、最愛の妻を失った伊集院は激しい喪失感にさいなまれ、運命を呪い、酒とギャンブルに溺れる日々を過ごしたという。だが、そんな伊集院が這い上がるきっかけになったのが小説だった。

夏目は生前、夫の文才に惚れ込み、多くのクリエイターに売り込んでいた。胸の中に湧き起こる無念さ、哀しみを同居させながら執筆を続けることが、伊集院にとって生きる糧になったことは間違いない。

夏目が亡くなってから8年後の93年、実兄で会社社長の小達一雄が、がん治療の副作用で頭髪が抜けて悩んでいる患者のため、かつらを無料で貸し出す「夏目雅子ひまわり基金」を設立、同年12月1日から運営を始めた。がんには、放射線療法や化学療法、免疫療法などさまざまな治療法があるが、抗がん剤の副作用で頭髪が抜けてしまう人が少なくない。特に女性の場合は精神的なショックが大きく、夏目も闘病中、頭髪が抜けていくのを気にしていたという。現在も、夏目雅子ひまわり基金は、病気で髪を失った人にかつらを無償貸与している。

多彩な顔を持つ夏目は、「海童」という俳号を持ち、俳句をたしなむ一面もあった。写真家・浅井慎平が主宰する「東京俳句倶楽部」に所属していた。放浪の俳人・種田山頭火の句が好きだったという。「大女優になるより、いさぎよく生きたい」という言葉をよく口にしていたそうである。そんな彼女が遺した3句を紹介しよう。

《結婚は夢の続きやひな祭り》
《風鈴よ自分で揺れて踊ってみたまえ》
《油照り汗もなく立つ忠犬ハチコウ》

夏目雅子

川島なお美「命ある限り表現したい」

「だって私、女優だもの」

川島なお美は筆者より1歳上の1960（昭和35）年生まれである。ほぼ同世代と言っていい。だから、とても気になる人だった。昭和の高度経済成長期に生まれ育った我々の世代は、大学時代はディスコブーム。やがてバブルへと日本中が舞い上がってしまうが、心の奥底ではどこか満たされないものを感じていた。川島も同じだったに違いない。女優という仕事を続けるにあたり、与えられた役柄をどう表現すればいいのか、いつも貪欲に純粋に悩んでいたのではないか。

同時代を生きた彼女に一度お会いしてあれこれお話をうかがいたかったが、なぜか華やかに彩られた川島が遠い世界にいるような気がして（それは誤解だったのだが）、その思いは果たすことができなかった。

なので、川島へのラブレターを書くような気持ちで彼女の人生を振り返りたい。

まずは「余命宣告」について書いておきたい。余命宣告というのは本当に残酷なものである。生きていこうという純粋な希望を打ち砕き、患者を絶望の淵へと追いやる。川島は人間ドックで異変が見つかり、2014年1月、肝内胆管がんの腹腔鏡手術を受けた。再発が発覚したのはこの年の7月。その際、「余命1年」と宣告されたが、彼女は最後まで女優魂を失わなかった。そのことを物語るエピソードを紹介しよう。

まずは最後の舞台となったミュージカル「パルレ～洗濯～」から。この時、川島は腹水が5リットルも溜まる中、舞台に立ち続けたという。降板が決まった時、川島は「もっとできたのに……」と泣き続けた。「自分の中に甘えが出ちゃった」と自身を責めることもあった。その姿に胸が張り裂けそうになった夫でパティシエの鎧塚《よろいづか》俊彦は、「もう十分だよ」となぐさめたという。

女優魂を物語るエピソードは、葬儀の様子からもうかがえた。

旅立ったのは15年9月24日。享年54だった。10月1日と2日、青山葬儀所で営まれた通夜と告別式。ワインレッドの薔薇で大胆に流線が彩られ白い花で埋め尽くされた華やかな祭壇は、まさに川島らしい気高さを感じさせた。秋元康や石田純一ら多くの著名人の顔があった。通夜と告別式には約3800人が参列したという。

涙を誘ったのは、家族ぐるみで親交が深く、川島にとっては「憧れの存在」だった女優・倍賞千恵子の弔辞だ。倍賞は北海道の別荘に川島を招待したことを振り返り、「蝶々のようにヒラリヒラリと走り回っていたあなた。本当に楽しそうで美しかった」と声を詰まらせた。

最後に電話した時は、川島の病状を何も知らなかったという倍賞。電話口で苦しそうに咳をしている川島に「なお美ちゃん、そんなに頑張らなくていいんだよ」と言ったら、こう答えたという。

「千恵さん、だって私、女優だもの」

「じゃあ、頑張らないように頑張って」

「うん、分かった。頑張らないようにして頑張る。女優だから」と、答えたそうである。

「女優だもの」「女優だから」という言葉に、川島の信念を感じる。

葬儀では事務所の先輩でもある片岡鶴太郎の弔辞も読み上げられた。川島が亡くなる20分前に見舞った時の様子を明かした。

「よく頑張ったねえ、最後まで女優だったねえ、美しいねえ、と話しかけたら、薄い意識の中で瞳を濡らした。髪も若々しかった。握った手の柔らかさ。ネイルもかわいかった。そのかわいらしさがいじらしかった。それさえも奪っていくのか。（中略）また来るからね、と病院を後にした。それから20分。（夫である）鎧塚さんからの電話。腰が崩れ落ちた」

「それさえも奪っていくのか」という言葉が痛切に響く。死は残酷であり、情け容赦ない。

作家の林真理子も弔辞に立ち、あふれる涙を抑えつつ遺影に語りかけた。

「いま日本中があなたの死を悼み、悲しんでいます。あなたはいつも時代を体現して見せてくれました。あなたの最愛の人、鎧塚さんを決して孤独にはしません。私たち仲間が、きっと友情で支えます。なお美さん、ありがとう。そして、さようなら。あなたは本当に美しくて素晴らしい人でした」

死の3カ月前、友人で漫画家のさかもと未明が撮影した写真が遺影となったが、吸い込まれそうな目で魅惑的なポーズを作ってくれたという。だが、その後、急激にやせ細ってしまった。がんが生きるエネルギーも奪ってしまったのだろう。心配した未明の連絡に対し、川島はこう答えたそうである。

「すごく疲れる。体が休みたがって悲鳴をあげている。会えるとしても来年ね」

悲報が届いたのは、この1週間後だった。

「女優は一生をかけてやる仕事」

愛知県名古屋市出身の川島は、青山学院大学在学中に歌手としてデビューし、ラジオ番組でDJも務めた。「女子大生ブーム」の先駆け的な存在であり、レギュラーを務めたバラエティ番組「お笑いマンガ道場」(日本テレビ系・中京テレビ制作)で人気を集めた。この番組では出演者がイラストや似顔絵を描くのが常だったが、川島の場合は描くのが速く線に迷いがなかったそうである。「独特の感性に驚いた」と当時のプロデューサーは振り返っている。

だが、芸能生活を始めた頃はお金がなくて苦労した。月給から家賃を差し引くと、小遣いとして残ったのは約3万5000円。服を買うのもやっとの思いだった。

普段の生活では、いつもジーンズをはいていた。夕食はハンバーガー1個というのも珍しくなかった。一人旅が好きで、30歳の誕生日はトルコのイスタンブールで迎えたという。日本にいると何かと拘束され、周囲の目も気にせざるをえなかったが、海外だと一人きりの時間を存分に楽しめたそうである。

1997年には渡辺淳一（1933―2014）原作のドラマ「失楽園」（日本テレビ系・読売テレビ制作）で、不倫の末に心中する女性を見事に演じた。与えられた役柄にやみくもに挑んでいるのではなく、相当の努力をした上で覚悟と自負に裏打ちされた「信念」というものがあったに違いない。「失楽園」を演出した映画監督の花堂《はなどう》純次は、あの激しいラブシーンの場面をこう振り返った。

「『私は撮影に入ると必ず本気で恋をするの』と言っていましたね。睡眠時間を削るくらいハードな撮影でしたが、『ワインを飲んで自分をもたせている』とほほえんでいました」（「週刊朝日」2015年10月9日号）

美しいだけの女優ではなかった。美しさの中に「精神の糸」のようなものがピンと張り詰めていたと言ってもいいだろう。

「女優は一生をかけてやる仕事。命ある限り表現していきたい」

取材に対し、川島は真剣な眼差しでこう応じていたが、女優としての目標は自分自身を超えることだったのだろう。穏やかな風景が続く一本道ではなく、曲がりくねった道のような芸能生活。山あり、また山あり。山を越えたら次の山が待ち構えており、その山に登って、さらなる景色を見る。「別の景色が見えたらチャンスありと思ってきた」

と川島は語っていた。

さて、ここからは私の個人的な見解だが、川島にはどんな色が似合ったか考えてみたい。生命の色である赤やバラ色はたしかに似合う。大地を彩る黄や緑もシックな感じがして似合う。だが私は、青色こそ川島にとって最も似合う色だと唱えたい。青は大空を彩るように気高い。そして時には、人間を激しく拒む。画家のパブロ・ピカソ（1881—1973）も孤独で不安な青春期を青色で表現したが、暗く沈んだ色調の青こそ女優・川島なお美にふさわしい。晴れ渡った春の青空を見上げつつ、彼女に思いをはせる。

Ⅱ

歌う人生

——歌は世につれ、世は歌につれ

藤　圭子　[1951–2013]
水木一郎　[1948–2022]
岡田有希子 [1967–1986]
田中好子　[1956–2011]
笠置シヅ子 [1914–1985]
淡谷のり子 [1907–1999]
八代亜紀　[1950–2023]
島倉千代子 [1938–2013]
本田美奈子 [1967–2005]
坂井泉水　[1967–2007]

藤　圭子　虚像と実像の間で

「怨歌」の歌い手

子どものころ、あの歌声を聴いて、「なんて悲しいんだろう」と思った。「きっと悲しい人生を送ってきたにちがいない」と勝手に想像をたくましくもした。

「圭子の夢は夜ひらく」（1970年）などの大ヒット曲を日本の歌謡史に残し、流星のごとく光って消えた歌手・藤圭子である。人の世の悲しみと孤独に寄り添った歌を作家の五木寛之は「怨歌《えんか》」と呼んだ。

当時、私は小学生。きらびやかなアイドルとはかけ離れた藤の「〽十五、十六、十七と私の人生暗かった～」という歌を聴いていると、「自分もあと何年か経てば暗い人生を送るのだろうな～」などと気が滅入ったりした。

70年代といえばオカルトブーム。「1999年7の月に人類は滅亡する」と予言した「ノストラダムスの大予言」が大ヒットした時代でもあった。公害も大きな問題となり、世の中全体がどんよりと暗い時代でもあった。

さて、藤の衝撃の死から10年あまり。ドロリと湿った情念の泥沼から生まれたあの歌声が、どのような宿命を背負っていたのかを追ってみたい。

まずは2013年8月22日、東京・新宿の高層マンションから藤が飛び降り自殺をした「あの日」に戻る。私は夏の高校野球の決勝大会を取材するため、兵庫県の阪神甲子園球場にいた。当時、大阪本社の編集委員だったこともあり、決勝の模様をコラムで書こうと思ったのである。

決勝が始まるのは午後からということもあり、私が球場に着いたのは正午ごろだった。どこまでも抜けるような夏の青空。舞い上がる入道雲。満員のスタンド。「青春だなあ」としみじみ思いながら応援席を見渡し、決勝戦ならではの雰囲気を味わっていたら、「藤圭子さん、自殺か」というニュースが入った。

「えっ？　本当か？」

青春を謳歌する若者たちの姿と62年の生涯を自殺という手段で幕を下ろした昭和の大スター。そのあまりにもかけ離れた現実に、目の前が一瞬クラクラしたのを覚えている。

気を取り直し、甲子園球場のスタンドから本社のデスク席に電話をすると、たしかに藤の訃報が入っているという。甲子園のざわめきを背に、私は急いで球場を去り、大阪・中之島にある朝日新聞大阪本社に向かった。もうすでに夕刊は刷り上がっており、藤の訃報が本人の顔写真入りで社会面に掲載されていた。

歌手・藤圭子さん死去　自殺の可能性

歌手の藤圭子さん（62）が22日午前7時ごろ、東京都新宿区西新宿6丁目の路上で倒れているのが見つかった。病院に運ばれたが、まもなく死亡が確認された。警視庁は、現場の状況から、現場前のマンションから飛び降り自殺したとみている。藤さんは、歌手の宇多田ヒカルさんの母親。

新宿署によると、藤は仰向けで倒れ、履いていたとみられるスリッパの片方が近くに落ちていた。知人が住むマンション13階の部屋のベランダに、もう片方が落ちていたという。着衣に乱れはなかった。遺書は見つかっていない。

藤さんは、3月に病死し今月23日に都内で偲ぶ会が予定されている作詞家の石坂まさをに見いだされた。1969年に「新宿の女」でデビューし、翌70年には「女のブルース」「圭子の夢は夜ひらく」が大ヒット。この年に日本歌謡大賞、日本レコード大賞大衆賞を受賞、NHK

紅白歌合戦にも出場した。

テレビ局はどこも高層ビルが立ち並ぶ西新宿の現場から生中継した。ファンも現場を訪れて手を合わせている。

「藤圭子のこととなると、ちょっと客観的にって訳にはいかないかもしれない。私、惚れてんだ。惚れるとベッタリの性なんだ」――かつて作家でタレントの中山千夏はそう告白した。若い人には「宇多田ヒカルの母親」というイメージの藤だが、やはり中高年にとっては一世を風靡した大スターの印象が強い。

飛び降りる直前にベランダに立ったとき、彼女の目に見えたものは何だったのか。ちょうど朝日が差し込む時間だったから、キラキラ光る太陽の光を浴びたかもしれない。その瞬間、自殺を思いとどまることはなかったのか。そもそもなぜ死を選んだのかという理由を私は知りたかった。遺書はないので詳しいことは分からないし、勝手な判断もできないが、彼女が心の闇を抱えていたのは確かだろう。

「暗い淋しい歌が好きです」

藤が北海道から上京し、「新宿の女」でデビューしたのは1969（昭和44）年9月、18歳のときだった。学生運動の象徴だった東大安田講堂が陥落してから8カ月。時間の流れとともに騒乱の熱狂は冷めつつあり、学生たちには挫折感が広がっていた。藤のドスのきいた歌声は迫ってくるような凄みがあり、そんな彼らから圧倒的な支持を得た。

大きな黒い瞳に、長い黒髪。京人形のような愛くるしい面立ち。紺のパンタロンに白いギターを抱え、夜のネオン街などを回りキャンペーンをした。キャッチフレーズは「演歌の星を背負った宿命の少女」。降り注ぐスポットライトの中で直立していた藤本人は、どう思っていたのだろう。

「暗い淋しい歌が好きです。映画、悲しい物語。漫画もコミカルなのはだめです」

デビュー翌年の70年、朝日新聞の記者にこう答えている。

こんな風に語るのは、イメージ戦略というのはあったかもしれない。

「フッと笑う彼女の素顔は明るい。歌だけの彼女を思う人には意外にすら見える。うちとけるとよく話し彼女の明るさがわかると友だちは言う」

この記事も同じころ書かれた。その一方で、藤は「あまりたくさんのヒトとつきあいたいと思わないです。（中略）気に入らないヒトでもニコニコあいさつしなきゃいけないでしょう。やっぱ相手にカンジよくしなきゃいけないし……」と、こんなことも記者の取材に答えている。

子どものように明るく無邪気な藤圭子と、ドロドロとしたどす黒いものを秘めた藤圭子。どこまでが虚像でどこからが実像なのか、分からなくなってくる。だが、虚像も実像もいつしか一体化してひとり歩きしていくのがスターの宿命である。

そういえば、藤をデビュー前から知っていた音楽プロデューサーの小西良太郎（1936―2023）は私の取材にこう言っていた。

「時代の風に巻き込まれ、どうすることもできなくなってしまった。生身の阿部純子（藤の本名・旧姓）とのギャップも大きくなりすぎた。自分が夢にまで見た家庭の幸せも、離婚などがあり崩壊。長い孤独の果てに、死を選んだのではないか」

こんな声もあった。新宿ゴールデン街で小さなスナックを経営していた渚ようこ（非公開―2018）は、藤の死を聞いてこう思った。

「歌を歌う人って、すごく紙一重なところがあるんです。そのぎりぎりの紙一重のところを超えてあちら側にいっちゃったんだな」

渚も、グサリと突き刺すような歌声だった。行間からあふれる負の叫び。クールに構えながらも情熱にあふれていた。聴く人の心の痛みと孤独と不幸に精いっぱい寄り添ったが、「山形から上京した」と言うだけで自らの過去はほとんど語らなかった。

いずれにしても、藤がなぜ自死を選んだのか、その理由は本人にしか分からないが、彼女の生い立ちを探っていくと深い「心の闇」の一端が見えてくるようである。

少女時代を過ごした北海道に、私は向かった。

ちらつく不幸の影

藤の突然の死から2カ月後の2013年10月下旬、私は北海道北部の名寄市にいた。JR札幌駅から特急とローカル線を乗り継ぎ約3時間。かつては宗谷本線の中心地として林業で栄えた街も時代とともにすっかり冷え込み、商店街を歩いてもシャッターを閉め切ったままの店が多かった。

本州ではまだ秋。これから紅葉の季節を迎えるというのに、この北の小さな街には灰色の雲が垂れ込め、ちらちらと粉雪が舞っていた。

「これから長い長い冬だべ」

滞在していた名寄駅近くの安宿のご主人が、ぼそりとつぶやいた。ストーブの上に置かれたやかんからシューッと白い水蒸気が舞い上がる。

なんだか、自分が遠い世界に迷い込んでしまったような気がした。8月22日の藤の悲報以降、さまざまな人に会い、証言をインタビューした。でも、なぜ彼女が人生の終幕を自らの死で終えたのか、その答えは分かるようで分からなかった。肌を突き刺すような寒さに、夜は何度も目を覚ました。

名寄に来る前の日は旭川市に泊まった。小中学生時代、藤と同級生だった人に会うことができた。同級生は「阿部純子は、とても利発な子だった。貧乏だった家の仕事を手伝うため学校は休みがちだったけれど、勉強はクラスのトップだったのではないかなあ」と言う。地域の祭りや集会があると、藤はマイクなしで唄を歌い、お小遣いをもらっては喜んでいたそうだ。地元の神社で開かれた歌謡大会では美空ひばりの「リンゴ追分」を熱唱し、優勝した。歌うことが好きな普通の娘だったのだろうか。

それにしても、岩手県の一関生まれの藤が、なぜ北海道なのか。名寄市在住の藤のいとこが取材に応じてくれた。

「私の父が東京の浅草で浪曲師をしていたのですが、終戦前に北海道に疎開してきたのです。その父を頼って岩手から来たのが、親戚の藤さん一家でした」

話によると、藤の父は流しの浪曲師、目が不自由な母は相方の三味線弾きだった。村から村、町から町へ渡り歩いたいわゆる「ドサ回り」である。借家暮らしで紙芝居もしていたが、やがて旭川に移住。でも生活は相変わらず貧しく、アパートは雨が降るとひどい雨漏りがしたという。両親は仕事が入ると、何日もアパートを空けて帰ってこなかった。一家はご飯に醤油をかけて食べる日々。水道代にも困っていたのだろう、冬は下駄で川の氷を割っておしめを洗った。真冬には零下41度と日本の最低気温を記録した旭川。猛吹雪に、あばら屋も吹き飛ばされそうになったにちがいない。

やはり少女のころから不幸の影がちらつく。いとこによると、昔の貧乏生活が藤の脳裏にときおりフラッシュバックしたのではないか、という。

藤は1979年に引退表明して渡米するが、2年後に復帰。一時芸名を「藤圭似子」とした。「似」とは、何に似ようとしたのだろう。真相は藤にしか分からない。

やがて音楽プロデューサーの宇多田照實《てるざね》と結婚。2人の間に生まれたのが宇多田ヒカルだ。だが、せっかく手に入れたと思った幸せな家庭生活も崩壊。離婚した。長く孤独な生活で、藤は次第に精神的に追い詰められていったのではないか。

「自分を『暗い』と思ったことはなかった。怨念といっても、ことさら身を切り、骨を切るといったつらさの実感もあまりなかった」

若いころの藤は、マスコミの取材にそう応じてはいるが、虚像を演じていただけかもしれない。

「新宿」の女

藤の生い立ちに戻ろう。

中学卒業を1カ月後に控えていたとき、地元の雪まつりショーに出演し、歌を披露した。それを偶然聴いた東京の作曲家が「娘さんを東京に出して、歌の勉強をし直しませんか。きっと売れます。スターになれます」と熱心に両親を説得した。藤は両親と一緒に上京し、目の不自由な母の手を引き、浅草など東京の下町を流した。

1969年、18歳のとき、「17歳」と年齢を偽って「新宿の女」でデビュー。70年、「〽十五、十六、十七と私の人生暗かった」とうめくように歌った「圭子の夢は夜ひらく」は、安保闘争に敗れた若者らの共感を呼び、「怨歌」と呼ばれた。

「人生の深い淵を覗いてしまったようなしわがれ声と本音がにじむなげやりな歌唱法は、

ただ者でなかった」

そう語っていたのは、先述の音楽プロデューサーの小西良太郎だった。小柄な体なのに、レコーディングのとき声量を示すメーターの針の揺れは異常に大きかった。あの独特の、だみ声のような暗い怨念を秘めた歌声は、天性のものだった。まるでワアワアと、カラスでも鳴いているような不思議な声だったという。

類いまれな才能が開花したのは、彼女がデビューした「新宿」という街が宿す風土もあるにちがいない。ホステス、フーテン、ヒッピー、アングラ劇団……。彼らが持っていた反骨、疎外感、痛み、やりきれなさなどをも共有していた。その意味では、彼女の存在自体がすぐれて新宿的だったともいえるだろう。

藤をめぐる不幸は、音楽業界をめぐる変化からも予測できた。80年代以降、歌を巡る風景は大きく変わった。貧困、地方、因習、孤独……。演歌や歌謡曲が担い、多くの日本人が抱えていた負の心情は薄らぎ、時代が見えなくなったのである。「怨歌」を歌えば歌うほど、社会や時代とのギャップを藤自身が感じただろう。

高層階から飛び降り自殺した藤。マンション前の路上で仰向けのまま倒れ、頭から血を流しているのが見つかったのだが、目撃者によると、藤の顔は安らかだったという。

飛び降りたベランダの手すりの高さは1メートルほどしかない。足元にはクーラーボックスがあり、それを踏み台にして飛び降りたのだろう。

マンションは藤の知人の男性が購入したもので、藤は居候のような形で暮らしていたらしい。マスコミはあれこれスキャンダラスに騒いだが、2人に「男女関係」はなかった。

それにしても、日本の歌謡史における藤の存在意義とは何だったのだろう。育ての親であり、人生の辛酸をなめた作詞家・石坂まさを（1941—2013）との出会いと絆。宿命的に苦労を背負っていた女性といえるだろうが、やはり「影の濃さ」が藤の藤たるゆえんだったのではないか。伝説となって語り継がれるスターには「陰影」がある。放たれる光が強いほど、その影は濃い。どうも最近の芸能界は影の濃い人が少なくなった。

降り注ぐスポットライトの中で直立して歌う姿がまぶたに浮かぶ。まるでガラスケースに入った人形のようだった。だが人形は、最後は自らの運命を自分で決めた。「自死」という結果で幕を下ろした。

水木一郎「止まると老けちゃう」

世界一有名な日本人歌手

「アニソン（アニメソング）の帝王」と呼ばれる水木一郎を初めて取材したのは2014年5月だった。ファンから「アニキ」と呼ばれるほど気さくな人柄で、インタビューの間は笑いが絶えなかった。

このとき、どういう流れでそうなったのか覚えていないが、筆者はがん患者で（2010年に前立腺がんが見つかる）、がんの摘出手術後も治療中であることを水木に明かした記憶がある。アニキなら、いい言葉を返してくれるはず——。そんな期待をしていたのだろう。そのときの水木は、とても心配そうな顔をして、「体のためにいつか一緒に山に登りませんか」と誘ってくれた。

ダイエットを兼ねて高尾山（東京・八王子市）に登ったことがきっかけで登山に魅せられた水木は、事務所のスタッフらと「アニソン登山部」を立ち上げた。山頂で「ゼーーット！」と雄叫びを上げ、ポーズを決めて記念写真を撮っているのだという。アニソン登山部にはタレントの中川翔子ら歌手仲間も参加している。「なので気軽に参加しませんか」というのだ。なかなか予定が合わず、結果的には参加できなかったが、一緒に山に登ったらきっといい話が聞けただろうなあと後悔している。

取材から数日後、私は三重県の伊賀市文化会館に水木のコンサートを観に行った。最高潮に達した会場の熱気をいまも覚えている。気さくだったインタビュー時とは異なり、ステージ上でスポットライトを浴びる水木は神々しいオーラを放っていた。

トレードマークの赤いマフラーをなびかせ、激しいアクションとともに、「マ、ジ、ン、グァー、ゼーーット！」。客席を埋め尽くした約1000人のファンも体を揺らし、雄叫びを上げた。

人気アニメ「マジンガーZ」の主題歌などをたっぷり歌い続けること2時間半。詰めかけた親子3世代のファンも「アニキ～」とステージに向かって熱い声援を送った。

この日、会場に来たのは、朝日新聞の朝刊別刷り「GLOBE」の企画「突破する力」の取材のためだった。「アニソン」という言葉すらなかった1970年代から第一線を走り続け、持ち歌は1200曲にもなる水木。まさに「突破力」がなければそのような偉業は達成できなかっただろう。

なんと、インターネット百科事典ウィキペディアで「水木一郎」の項目は、90以上の言語に翻訳されている。世界一有名な日本人歌手のひとりと言ってもいいだろう。フランスでも中国でもシンガポールでも、「Z」を「ゼット」と発音しない国でも、水木の「ゼーーーット！」という歌声に合わせ、大勢のファンが熱唱する。こんな人は他にいない。

「日本の文化って、日本人が気づかないうちに外国で認められたりすると、ワッと騒ぎ出すところがある。でも僕は、アニソンの素晴らしさを伝えたいと思って歌い続けてきただけだ」

水木は淡々とそう語っていた。

２０２１年４月、そんな水木の声が、突然、出なくなった。声帯不全麻痺と診断されたが、検査の結果、肺がんに侵されていることもわかった。水木は当時の心境について、「ショックだった。どんな病気になってもいいが、このまま歌えなくなるのではないかということが一番不安だった」と話した。

放射線治療と抗がん剤治療を進め、病気は落ちついたかに思えた。だが、再発してしまった。ヒーローソングを歌い続けてきた水木。「どんな敵にも勝つぞ」と治療の効果を信じ、病院内では努めて明るく医師や看護師に接し、人気者だったという。もともと人なつこく、明るい性格の水木である。「余計な心配を掛けたくない」と思っていたに違いない。

「アニソンには国境や人種の壁はない」

水木は、1948年、東京都世田谷区に生まれた。父は戦前、神田でレコード店を営み、母は魚屋の娘でジャズが好きだった。周囲に結婚を猛反対されたが、駆け落ち同然で世田谷の郊外に移住。クリーニングの取次業を始めた。そんな家庭で育った水木は、子どもの頃から歌好き。64年、歌手の登竜門と言われた新宿のジャズ喫茶「ラ・セーヌ」のオーディションに挑戦し、高校生ながら優勝する。68年、「君にささげる僕の歌」で日本コロムビアからデビュー。先輩歌手の舟木一夫にあやかり、「舟には水、夫ではなく郎に」という理由で芸名が「水木一郎」になった。

甘い歌声のポップス歌手として売り出したが、鳴かず飛ばず。レコードキャンペーンのサイン会場、水木の前には誰も並ばなかった。

やっと並んでくれた1人が言った。

「個性がない。あなたは無個性人間だから駄目なのよ」

そのころ同じレコード会社に所属する女性歌手と結婚。銀座のクラブで弾き語りをして生活費を稼いだ。俳優になろうかと考えたが、身長が足りず断念。そんな時、番組の担当ディレクターから「テレビで流れる歌がある。歌ってみないか」と言われた。

石森章太郎（当時）原作のアニメ「原始少年リュウ」のオープニング曲だった。実は、伸びやかで透明感のある水木の声に、ディレクターが目をつけていたのだ。こうして71年、同アニメの主題歌でアニメソング歌手としてデビュー。ただし、テレビに出るのは名前だけで、顔は出ない。しかも「漫画の歌」という理由でレコード店の片隅に追いやられ、ヒットチャートもランク外扱いだった。

「プロの歌手でもみんな恥ずかしがって歌おうとはしなかった。でも、子どもたちに夢を与えられる。〝無個性〟を逆手に取って漫画の主人公になりきろうと気持ちを切り替えた」と水木は当時を振り返った。

「マジンガーZ」「バビル2世」「超人バロム・1」「侍ジャイアンツ」……。子どもたちがテレビ画面の前にいる姿を思い浮かべ、レコーディングに臨んだ。

そんな無名時代の水木を高く評価していた人がいた。日本コロムビアの先輩で、のちに音楽プロデューサーとしてピンク・レディーや小泉今日子、SMAPなど時代を彩った歌手たちをヒットさせた飯田久彦だった。

「どんなジャンルでも挑むのがプロの歌手。『アニソンの帝王』と呼ばれるようになったのも、こうした地道な草の根活動があったからだ」

「僕はマグロみたいなもの。いつも動いていないと。止まると老けちゃう」と語っていた水木は、99年夏、山梨県・河口湖畔の野外劇場で、24時間1000曲を歌い続けるという前人未到のライブに挑んだ。ほとんど不眠不休だ。ふらふら状態になっていた深夜3時ごろ、「仮面ライダー」メドレーを歌っていたら、バッタが飛んできて譜面台に止まった。まるで仮面ライダー（バッタ）が励ましにきたようで、水木は「あれで元気をもらい、最後まで歌いきった」と振り返った。

2001年、初の海外ライブとなる香港公演。会見には一般紙の記者も押し寄せた。「アニソンには愛や勇気と、誰もが共感できるテーマが詰まっている。国境や人種の壁はない」と水木は痛感した。

そんな水木ががんに倒れ、歌えなくなった。ファンに最後の姿を見せたのは、亡くなる10日ほど前。2022年11月27日、都内で開かれたライブだった。翌12月6日、体調を崩して都内の病院に搬送されたが、肺がんのため亡くなった。74歳だった。

「マジンガーZ」の原作者で漫画家の永井豪は、所属するプロダクションのTwitter（現・X）を通じて、こんな追悼コメントを発表した。

《毎回、歌うたび、決して気を抜かず、愛と魂をこめてテーマを歌い続けた水木さんの力です。いつも全力で元気さをアピールする方でした。ステージパフォーマンスはもちろんのこと、普段のお付き合いでも、明るく楽しい人でした。ファンを大切にする姿勢に、いつも頭が下がる思いでした。有難う！　水木一郎さん。心から、ご冥福をお祈りいたします》

あれほど歌うことが好きだった男が病に倒れ、満足に歌えなくなったことは痛恨の極み。ファンは天を恨んだが、水木が病に向き合い、懸命に闘い続けた姿も私たちは覚えている。水木一郎という肉体は滅しても、アニソンを愛した魂は永遠に燃え続けている。

岡田有希子　ぞっとするほどの報道合戦

キラキラしていて憂いもある

華やかなように見える報道の現場でも、仕事や複雑な人間関係に悩み、孤独に追い込まれ、自ら命を絶った同僚がいる。自殺とは無縁のように見える人ほど、周囲に及ぼす衝撃は大きい。「しばらく会社に姿を見せないな」と思っていたら、自殺だったこともある。「どうして?」「何があったのか?」。周囲の人にあれこれ尋ねても、結局はよく分からない。

1986年4月8日の昼過ぎ、アイドル歌手・岡田有希子（本名・佐藤佳代）、愛称「ユッコ」は、所属プロダクションが入る東京・新宿の7階建てビル屋上から身を投げ、18歳の若さで命を絶った。場所は四谷四丁目。新宿通りの交差点角にあるビルである。

1階にあった弁当店の経営者は、当時こんなことを話している。

「バタンという音がし、若い女の子が地面にうつ伏せに倒れ、間もなく大量の血が地面に広がった。お客さんも含め、突然のことで足がガタガタ震えた。すぐ119番したが、即死のようでした」（朝日新聞・86年4月8日夕刊・第1社会面）

岡田は、愛知県名古屋市出身。勉強がよくでき絵を描くことも大好きだった少女は、いつしかアイドルを夢見るようになり、1982年、中学3年生の時、数々の人気アイドルが輩出したオーディション番組「スター誕生！」（日本テレビ系）に出場。翌83年の決勝大会でチャンピオンになり、大手芸能プロダクション「サンミュージック」からスカウトされた。上京し、堀越高校に編入。84年4月、「ファースト・デイト」（作詞・作曲：竹内まりや）でデビューした。

歌唱力が抜群で、同年の日本レコード大賞最優秀新人賞を受賞。「ポスト松田聖子」の呼び声も高く、86年春、高校を卒業したのを機に、下宿していた事務所の社長宅から南青山のマンションに引っ越した。都会での独り暮らしのスタートである。自殺の前々日の4月6日は地元の名古屋市でコンサート。前日の7日は休みだったという。

キラキラするような瑞々しい存在感。その一方、はかなげで、どこか憂いを帯びた表情が多くの人を引きつけた。さらなる活躍が期待された矢先、帰らぬ人となった。アイドルがアイドルであり続けることの難しさ、輝きを維持し続けることの難しさを投げかけた事件だったといえる。

亡くなった四谷のビル前には、毎年4月8日の命日にあわせ、花束を持ったファンが集まり、手を合わせている。50代男性は「（ユッコが）一番輝いていた86年で時間が止まっているんです。僕らは年齢を重ねてそれぞれの人生を歩んでいますが、ユッコは18歳のかれんでピュアなアイドルのまま。だから素直な気持ちで今も応援できる」と話す（「週刊朝日」・2022年4月29日号）。ファンの中には平成生まれの若い女性もいる。昭和のアイドルに詳しいレコード会社のプロデューサーは「ユッコの歌がZ世代と呼ばれる若い世代にも共感を呼ぶのは、淡い初恋に悩み苦しむ等身大の女性の心理を歌っているからではないか。世代を超えて共感を呼ぶんです」とみる。

「ユッコはやはり永遠のアイドルなんだなあ」と改めて思う。ファンはユッコが最期を迎えた場所に集まり、静かに思い思いの時間を過ごすことで、互いの絆を深めている。それが、この世知辛い世の中にあって、生きる支えになるのだろう。

レコードデビューしてから、わずか2年しか芸能界にいなかったが、存在感は大きい。愛知県西部の愛西《あいさい》市郊外にあるユッコの菩提寺を訪れるファンの姿も絶えない。墓前はいつも供花で埋め尽くされているという。

ユッコ・シンドローム

自殺翌日の朝日新聞・朝刊社会面によると、自宅マンションには異性関係などを苦にしていたとみられる内容の遺書（便箋1枚）が残されていたとある。きちんとした字で「勝手なことをしてごめんなさい」と書いていたという。

実はこの日の午前、ユッコは南青山の自宅マンションで左手首を切った上でガス自殺を図った。だが「ガスの臭いがする」という通報で警察署員らに救出され、近くの病院で手当を受けていた。飛び降り自殺は病院から事務所に戻った直後だった。付き人と一緒にいたが、目を離した隙に屋上から飛び降りたとみられる。

当時の記者会見で所属事務所の社長は「仕事も充実していたし、男友だちについても心当たりがない。ただ、感情の起伏の激しい子でした」と沈痛な表情で語っている。5月には新曲を発売する予定だった。

自殺の理由や背景については、あまり触れないでおこう。人の心の内側はそもそも分からないし、岡田本人も分からなかったのではないか。

彼女の自殺がセンセーショナルに騒がれた当時、全国各地で後追い自殺する人が相次いだ。「ユッコ・シンドローム」という言葉まで生まれ、社会問題になった。「ユッコみたいになりたい」と遺書に自分の思いをつづったり、部屋の机の上に相次ぐ若者の自殺を特集した新聞の社会面が広げてあったり……。岡田の自殺から2週間ほどで40人を超える若者が命を絶ったといわれている。

報道も過熱していた。岡田が自殺した翌日の4月9日から11日までの3日間で、テレビの関連番組は25本。写真週刊誌は、目を背けたくなるほど痛ましい彼女の最期の姿を掲載した。

「アイドル歌手であったというだけで、どうして死んだ姿まで見せ物にならなければならないのか」

「〝出版の自由〟を盾にした金儲け主義。非人道的とも思える行為が多くの人を悲しませた」

このような読者からの激しい憤りの声が事件のあと、朝日新聞の朝刊「声」欄に掲載された。

彼女は芸能界で生きてきたタレント、しかもトップアイドルなのだから、マスコミが動くのは当然だが、あまりにも度が過ぎていたのではないか。

筆者は当時25歳。ある新聞社の社会部記者だったが、「自分の行く末を、もう少しじっくり考えたい」と退社。学習塾で講師の仕事をしながら、お金がたまると文庫本を持って日本各地を旅していた。いわゆるフリーアルバイターである。

岡田が自殺した日は九州の鹿児島にいた。宿泊先のホテルで見たテレビのワイドショーは「自殺の謎」「親友が語る真相」「失恋が原因」などとセンセーショナルに報じていた。「正気を失ったのではないか」と思えるほどすさまじい報道合戦。驚くというより、ぞっとした。

この感覚は、豊田商事事件（85年）の永野一男会長（1952―1985）が惨殺された現場で、テレビカメラマンが暴漢を制止することもなく殺人現場を撮影して、社会から厳しく批判されたときと似ている。

岡田が自殺した86年は、日本経済がバブル化の一途をたどりはじめた年である。浮遊する社会を反映するかのように、モノではなく「情報」が売れる時代になった。時代の空気が「重厚」「苦悩」から「軽み」「遊戯」へと変わっていく中で起きたのが岡田の自殺だった。

田中好子　「幸せな、幸せな人生でした」

2人が大好きでした

「高校時代は受験勉強一色だった」と懐かしそうに語る後輩がいる。灰色の3年間。第1志望の大学も、第2志望も第3志望も立て続けに不合格となり、浪人生活を送ったそうである。そんな彼がある晩、ラジオをかけると明るい歌声が聞こえてきた。キャンディーズの「春一番」だった。歌詞にあるように、「泣いてばかりいたって、幸せは来ない」のだ。そう思い直し、頑張ろう、頑張るしかないと自らを鼓舞し、翌春、見事に第1志望に合格した。

まさに「彼の青春時代はキャンディーズとともにあった」と言えるだろう。「春一番」は青春の思い出なのである。そしておそらく、彼のようにキャンディーズに励まされた人は、男女を問わず、また年齢も問わず、この日本には大勢いるだろう。

メンバーの1人で2011年4月21日に乳がんのため55歳で早世した女優・田中好子。

でも、「田中好子」と呼び捨てにはできない。やはり「スーちゃん」と呼びたい。私は年齢的には少しだけ年下で、いわゆる「年下の男の子」なだけに、スーちゃんには格別に親近感が湧く。あの飛びきりの笑顔に何度励まされたことだろう。

ランちゃん（伊藤蘭）、ミキちゃん（藤村美樹）とともに、3人娘で構成されたキャンディーズ（活動時期1973—1978年）は、70年代の日本社会に元気と明るさをもたらしてくれた貢献者でもあった。しかも、スーちゃんも含めキャンディーズの3人娘は、ただ歌を歌うだけのアイドルではなかった。コメディの才能も持ち合わせており、人気テレビ番組「8時だョ！全員集合」（TBS）では、ザ・ドリフターズの面々に引けを取ることなくコントを演じた。

その魅力は今もまったく色あせていない。中でもスーちゃんは、亡くなったという気が今でもしない。どこかで生きているのではないか。そう思ってしまう。

一体どんな人柄だったのか。逝去から4日後の4月25日、東京・青山葬儀所で営まれた葬儀で流れた本人のメッセージを読むと、ぼんやりとだが素顔が浮かんでくる。

少し長くなるが紹介しよう。

「こんにちは、田中好子です。きょうは3月29日、東日本大震災から2週間たちました。

被災された皆様のことを思うと、心が破裂するような……、破裂するように痛み、ただただ、亡くなられた方々のご冥福をお祈りするばかりです。わたしも、一生懸命病気と闘ってきましたが、もしかすると負けてしまうかもしれません。でもその時には、必ず天国で被災された方のお役に立ちたいと思います。それが、わたしの務めと思っています。きょう、お集まりいただいている皆様にお礼を伝えたくて、このテープを託します。キャンディーズでデビューして以来、本当に長い間、お世話になりました。幸せな、幸せな人生でした。心の底から感謝しています」

そして、このメッセージはこんな具合で締めくくられた。

「特に蘭さん、美樹さん、ありがとう。2人が大好きでした。映画にもっと出たかった。テレビでもっと演じたかった。もっともっと女優を続けたかった。お礼の言葉をいつまでも、いつまでも皆様に伝えたいのですが、息苦しくなってきました。いつの日か、妹・夏目雅子のように、支えてくださった皆様に、社会に少しでも恩返しができるように復活したいと思ってます。カズさん、よろしくね。その日までさようなら」

「もっともっと女優を続けたかった」という言葉が胸を打つ。カズさんとは、夫の小達一雄（女優・夏目雅子の実兄）のことだ。

当時の新聞報道によると、会場には約2100人のファンや関係者が参列した。一種独特な熱気に包まれたに違いない。

紡ぎ出されるメッセージから、スーちゃんの万感の思いも伝わってくる。当時、テレビ報道で見たのだが、霊柩車による出棺を告げるクラクションが鳴り終わったとき、キャンディーズの曲が突然、大音量でかかったのを覚えている。1973年9月に発売された明るいテンポのデビュー曲で、スーちゃんがリードボーカルをとる「あなたに夢中」である。

沿道には多くの男性ファンらが集まり、スーちゃんのイメージカラーである青色の紙テープを一斉に投げた。「スーちゃん!」と叫ぶも、涙声でよく聞き取れない。ファンにとっては、自分の家族を亡くしたような大きな悲しみだったに違いない。

チャンスをつかむために努力してきた

スーちゃんは、1956(昭和31)年4月、東京・足立区で釣具店を営む両親の次女として生まれた。荒川の川岸に「田中釣具店」という大きな看板があったのを私は覚えている。小学生のころから歌がうまく、町内の民謡研究会に入り発表会で「ソーラン節」などを披露した。69年、渡辺プロダクションが経営する東京音楽学院に入学。スクールメイツのメンバーに選ばれる。72年、NHKの歌番組「歌謡グランドショー」のマスコットガールのオーディションに伊藤蘭、藤村美樹とともに合格。3人組は「キャンディーズ」と命名され、73年に「あなたに夢中」で歌手デビューした。

その後の華々しい活躍については読者の方々がよくご存じだろう。キャンディーズは78年に解散したが、スーちゃんは80年に女優として復帰する。当時を振り返り、こう語っている。

「キャンディーズのころは周囲が敷いてくれたレールを夢中で走り、1人で復帰してからは、その名に恥じぬようにと、がんばってきました。私はチャンスをつかむために努力してきた人間、その積み重ねがあったからこそ今まで乗り切ってきたと思う。一生懸命の25年かなあ」（朝日新聞・98年10月29日夕刊芸能面）

テレビドラマに、映画に、ドキュメンタリー番組のナレーションに才能を発揮し、フル稼働していたスーちゃん。「休みの時間をどう使っていいか分からないぐらい仕事が楽しい」とまで語っていた。

振り返ると、「普通の女の子に戻りたい」と発言しキャンディーズ解散を表明したときは、心身ともに相当疲れていたのではないだろうか。自分が仕事だけをこなすロボットのように感じられ、なぜ自分は歌うのか、なぜ自分は芸能界で働くのか、本当の生きがいが見出せなかったのではないか。そうした彼女自身の苦闘の過去が「生きるバネ」となり、復帰後は味のある演技もこなせる女優として大きく羽ばたくことになったと思える。でも、「大女優」という言葉はスーちゃんには似合わない。生前こんなことも言っていた。

「こんな女優になりたいとか、こんな役をやりたいとか、と気張るのはあまり好きじゃありません。自然に続けていきたいんです」（朝日新聞・89年11月25日夕刊経済特集面）

1991年に結婚して家庭を持つようになってからは家計簿をつけていたといい、近所のスーパーで買い物をしてもレシートをきちんともらっていたという。日常の買い物もマネジャー任せの芸能人がいる中、庶民として普通の生活感覚を忘れたくなかったのかもしれない。

スーちゃんと誕生日が同じコラムニストの泉麻人は、キャンディーズ時代の雰囲気をこう分析する。

「サークルで一緒に活動している女の子みたいな身近さが最高の魅力だった。普通の女の子に戻りたいと引退したが、最初から『普通の女の子』キャラを演出し、学生運動後のエネルギーをもてあましていた大学生らは、サークルのノリで応援した」（朝日新聞・2010年2月6日夕刊be）

1977年、国民的アイドルグループとしての絶頂期だったキャンディーズがコンサートで突然、解散を宣言してから46年。2023年の大みそかにランちゃんが、NHK紅白歌合戦にグループを代表してソロで出た。きっとスーちゃんも見守っていたに違いない。

笠置シヅ子　「生きるとは何か」を歌で問いかけた

すさんだ時代を明るくした歌

モヤモヤした気持ちになったとき、私は笠置シヅ子が歌う「東京ブギウギ」に耳を傾ける。８ビートの激しいリズムに乗せて「〽東京ブギウギ　リズムウキウキ　心ズキズキ　ワクワク……」と始まる軽やかな歌唱は浮かれ調子で、どこかやけくそ気味に聞こえなくもないが、だからこそ理屈抜きに胸がスーッとするのだろう。趣里主演のＮＨＫ朝の連続テレビ小説「ブギウギ」（２０２３年放送）で改めて注目を集めた。

この歌は、敗戦後のＧＨＱ（連合国最高司令官総司令部）による植民地的雰囲気が日本を覆っていた１９４８（昭和23）年1月に発売された（吹き込みは47年秋）。暗い世相を吹き飛ばす勢いで瞬く間に全国に広がり、子どもにまで口ずさまれた。大きな声を張り上げて歌い、舞台を駆け回る笠置のスタイルは斬新で、進駐軍のアメリカ兵も「これが敗戦国の姿か」と驚くほどの明るさと、爆発的なエネルギーに満ちあふれていた。

古い日本映画を見ると、焼け跡や闇市のシーンで流れてくるのは並木路子（1921―2001）の「リンゴの唄」より「東京ブギウギ」のほうが多いのではないか。混沌として猥雑で雑多な雰囲気の闇市には、陽気な「東京ブギウギ」のほうが似合うのだろう。作曲した服部良一（1907―1993）は朝日新聞の取材にこう答えた。

「だれもがみんな大声でワァーッと叫びたくなるような時代でしたでしょう。この歌で日ごろのうっぷん晴らしをしたということも、爆発的に受け入れられた一因かもしれませんね」（95年4月19日夕刊芸能面）

一方、戦前・戦後を通じて音楽娯楽番組を手がけたプロデューサーの丸山鉄雄（1910―1988）は著書『歌は世につれ』（みすず書房）の中で、「東京ブギウギ」をこう位置づけている。

「被圧迫民族ニグロの音楽の持つあきらめと反発と解放感の入りまじった感覚が、半植民地的状態に置かれていた当時の民衆の生活感情になんらか訴えるものがあったのであろう」

当時の民衆とはもちろん、敗戦後まもない日本人を指す。たしかに時代はすさんでいた。空襲で焼け野原になった街には闇市ができた。日々の生活に困窮した多くの人々が集まったが、一方で危険と隣り合わせの風景が広がっていた。愚連隊が大手を振って歩き、恐喝やスリ、置き引きが横行。「ラク町」と俗に呼ばれた東京・有楽町のガード下は「夜の女」と呼ばれた街娼たちのたまり場となった。生きるため、やむなく夜の世界に身を投じた女たち。言葉は悪いが「パンパン」と呼ばれた。語源については「パンパン」と男が手をたたいて街娼を招いたという説やインドネシア語で女性を意味する言葉が訛ったという説などがあるが、どれも確証はない。社会全体が荒っぽかった当時の世相を反映する言葉と言えるだろう。

そのパンパンをテーマに掲げた小説が作家・田村泰次郎（1911―1983）の『肉体の門』だった。この小説のように、笠置の「東京ブギウギ」も乱世の中でのあるがままの人間像をさぐり、人間とは何であるかを探求しようとした歌だったといえるかも知れない。闇市の空きっ腹の庶民に、「生きるとは何か」を問いかけた強烈な歌だった。

「ブギの女王」が抱えていた悲しみ

笠置がその名を流行歌の歴史にとどめるのは、美声とか歌のうまさではなく、歌の舞台に「動き」の迫力を持ち込んだからだった。

舞台の上で踊ったり動いたりするのは今ではごくごく当たり前のことであるが、笠置の時代にあっては「革命的なこと」だった。昔は姿勢を正しくして歌わないとお客様に失礼にあたるということから、例えば東海林太郎（1898―1972）は直立不動で歌った。一方、肉体の存在を声高に主張するように激しく動いて歌う笠置は、それまでの日本にはいなかった新しいタイプの歌手であり、解放感あふれる叫びが多くの人の胸に響いた。「東京ブギウギ」がヒットしたお陰で世相が明るくなったのは間違いない。

さて、そんな歌を世に伝えた笠置とはどんな人物だったのか。

1914（大正3）年、香川県生まれ。「からだも弱いし家も貧乏なので芸で身を立てよう」と幼いころから日本舞踊を習い、小学校卒業と同時に松竹歌劇団（SKD）の前身、松竹楽劇部へ。踊りと歌で一躍人気者になった。1938（昭和13）年に東京へ移り、大阪と東京の楽劇部が合流して帝国劇場で旗揚げした松竹楽劇団に参加。ジャズ歌手として売り出した。そのころから笠置のリズム感の良さに注目していたのが服部良一だった。

「東京ブギウギ」以来、笠置は数々の「ブギもの」を世に出したが、中でも売れたのが1950（昭和25）年発売の「買物ブギ」。45万枚を売り尽くし、歌詞のオチとなった

「わて、ホンマによう言わんわ」は関西言葉に触れる機会のなかったエリアの人々に強烈なインパクトをもたらした。

それにしても、昔の映像を見ると、笠置が所狭しとダイナミックに踊っているのが分かる。なぜそんなに舞台の上で動き回ったのだろうか。

戦時中、当局から舞台で何メートル以上動いてはならぬなどと、そのダイナミックなアクションを制限されていた笠置。内心は面白くなかったに違いない。だからこそ「東京ブギウギ」を皮切りに「ホームラン・ブギ」「ジャングル・ブギー」「買物ブギ」など自由奔放に歌いまくり、踊りまくったのだろう。あの美空ひばりも笠置を大変意識していたというから、「ブギの女王」の面目躍如である。

実は「東京ブギウギ」発売の前年、笠置を悲劇が襲った。恋人の子を出産するが、その直前、恋人が病気で急逝したのである。シングルマザーとして生きる決意を固めた笠置。「東京ブギウギ」は、そんな笠置へのエールを込めて服部が作った歌でもあった。作詞は服部が戦時中に上海で知り合ったジャーナリストの鈴木勝（1916―1971）。彼は仏教哲学者の鈴木大拙《だいせつ》（1870―1966）の息子である。

多くの人が「東京ブギウギ」をカバーしたが、やっぱり迫力では誰も笠置にかなわない。服部の自伝『ぼくの音楽人生』（日本文芸社）によると、この歌のヒットによって「敗戦の悲嘆に沈むわれわれ日本人の明日への力強い活力」につながってほしいという願いが根底に流れていた。

「新人女優のギャラで使ってください」

1956（昭和31）年、笠置は歌手廃業を宣言する。ブギの人気が下火になってきただけでなく、自らの体が太ってきたことが理由だったらしい。笠置の歌は踊りと切り離せない。踊れない歌手はもはや「ブギの女王」といえなくなる。

服部は笠置のことを「常に妥協を許さない厳しい人」と称したが、一度こうと決めたら切り替えは速く、しかも頑固だ。その発言通り、同年12月31日、第7回NHK紅白歌合戦に出場して「ヘイヘイブギー」を歌い、笠置は華やかな音楽界のスポットライトから静かにフェードアウトした。

翌1957（昭和32）年、笠置は映画会社やテレビ局を訪れ、「これまでの歌手・笠置シヅ子のギャラではなく、これからは新人女優のギャラで使ってください」と挨拶して回った。ギャラのランクを下げてくれと自ら頼んだ芸能人なんて過去にいただろうか。

「ブギの女王」として君臨した過去の栄光にすがることなく、常に前向きで潑剌とした笠置の姿が目に浮かぶ。気さくな長屋のおばさんのような笑顔や「大阪のおばちゃん」的キャラクターを生かし、映画やテレビに出演。女優としての活動も始めた。

私が懐かしく思うのは、TBS系の歌番組「家族そろって歌合戦」(1966―1980)の審査員の笠置である。番組は13年間も続き、彼女はいつも笑顔を絶やさなかった。勝ち残った人をほめるより、敗れた人に「惜しいなあ。惜しかった。またいらっしゃい」と声をかけることが多かった。まさに人情味のある審査員だった。

一方、戦前・戦後のスター歌手たちが一堂に会し、往年のヒット曲を歌う「懐メロ番組」には出演しなかった。何度もラブコールを受けたのだろうが、断り続けた。「その潔さこそ笠置シヅ子であり、彼女の生き方だった」。『笠置シヅ子　ブギウギ伝説』(興陽館)を出した娯楽映画研究家の佐藤利明はそう語る。

笠置は1985(昭和60)年3月30日、卵巣がんのため東京都内の病院で息を引き取った。本名・亀井静子。享年70。最初に乳がんが発覚したのはその14年前。1983(昭和58)年には卵巣がんの手術をした。あの明るい笑顔の陰で、病と闘っていたのである。

淡谷のり子　嫌なものは嫌。好きなものは好き。

「これはあたしの戦闘服」

幾度か襲った危機的状況を出身地・津軽の「ジョッパリ（強情っ張り）」精神ではねのけ、己の生き方を曲げなかった。「ブルースの女王」として人気を集め、60年以上にわたって歌謡界で活躍した歌手・淡谷のり子（本名・淡谷のり）である。

そのジョッパリぶりを最初に発揮したのは戦時中だった。濃い口紅に高いヒール、派手なロングドレス。東京・銀座を歩いているところを咎められた。

「いまは日本国民が皆一致団結し、戦地の兵隊さんを応援するときです。それをあなたは、そんな姿で、前線の皇軍将兵の皆さんに顔向けできますか?」

笠置シヅ子を主人公とするNHK朝ドラ「ブギウギ」で、淡谷がモデルとなった茨田りつ子に大日本国防婦人会の女性たちがこう抗議する場面があった。淡谷が実際に体験した出来事だという。

淡谷は、「これはあたしの戦闘服。丸腰では戦えません。兵隊さんが鉄かぶとをかぶるように、歌手の化粧はぜいたくではありません」と見事に啖呵を切って反論したと言われている。おしゃれには金を惜しまず、その額は生涯で8億円を超えたそうである。マニキュアも、西洋風の濃いメーキャップも、毛皮を着たのも、芸能界では淡谷が初めてだったらしい。一方で、当局からは始末書も書かされた。そのことを淡谷はこう振り返った。

「カカトの高いハイヒールはいけない、ツメにエナメルはいけない、ハデな舞台衣装はいけないというから私はつっかかるのよ。いつ死ぬかわからない兵隊さんの前で汚いステージはできないってね。反抗するから始末書なの」（朝日新聞・1990年3月2日夕刊）

戦地での慰問公演でも、ジョッパリ精神を発揮した。「退廃的だ」と歌唱を禁じられることもあったヒット曲「別れのブルース」（1937年）、「雨のブルース」（38年）のほか、外国曲も臆することなく堂々と歌った。津軽地方には「ジョッパリ以上の強情っ張り」という意味で「カラキズ」という言葉もあるが、どんな状況に置かれても自分の信念を貫いた点では、カラキズという表現のほうが似合うかもしれない。

淡谷が「大の演歌嫌い」だったことも挙げないわけにはいかない。「あんなめめしい歌、誰が聴くんですか」などと、ことあるごとに文句をつけている。「あんなケチくさい歌、みんなロープで縛って油かけて燃やしたい」と、驚くべき発言もしている。

軍歌にも徹底して嫌悪感を抱き続けた。先の朝日新聞のインタビューにこう答えている。

「きくと悲しくなるの。戦争の悲惨さを知らないから歌えるのよ。戦争中に九州の特攻基地を慰問したのよ。白ハチマキの16歳ぐらいの少年特攻隊員が20～30人私の歌を聞いてくれたの。歌っている途中、私にニコニコ笑って礼をして、片道燃料で飛び立っていくの。私は歌の途中で涙がでて歌えなくなったの。なんて残酷なって……。若い人を死に追いやる軍歌は絶対に歌わないって思ったわ」

そんな淡谷にとって、国民服やモンペを着たまま舞台に上がり、生きる喜びを歌うブルースを歌うなんて、戦時下であってもとうていできなかったに違いない。

日本芸能界のご意見番でもあった淡谷。楽譜も読めず、発声訓練もきちんとせず、音程さえいい加減な後輩歌手に対して、「歌手じゃなくてカス。粗大ゴミよ」と言いたい放題だった。美空ひばりに対しても「大嫌い」と言い放ち、自分の正直な気持ちを隠さなかった。ひばりが笠置シヅ子の大ヒット曲「東京ブギウギ」を歌って芸能界に入ってきたことを快く思わなかったに違いない。「人のモノマネ」と公然と批判したのである。関係がこじれたのには、他にも理由がある。ひばりがまだ10代だったころ、淡谷は彼女を楽屋風呂に入れてあげたこともあったが、後に国民的大スターになったひばりは「そんな思い出、ない」と平然と言ったという。淡谷にとっては、まさに恩義を忘れる言動。許せなかったに違いない。

一方、なぜか北島三郎は好きだったらしい。青森出身の淡谷だけに、北海道出身の北島には親近感を覚えたのだろうか。北島の勇壮な歌が、淡谷の心を動かしたのだろうか。

淡谷は、東京の城南地区で暮らしていた。実は私も近くに住んでいたため、「ここが淡谷のり子さんの自宅です」と近所の人に教えられたことがある。本人がすでに亡くなっていたことや、建て替えられていたこともあり、いまはどんな人が暮らしているのかは分からないが、以前は表札に堂々と「淡谷」と書かれていた。でも、有名人の豪邸といった雰囲気はなく、周囲の風景に溶け込んだ清楚な住宅だった。

淡谷は、1907年、青森市の呉服商の長女として生まれた。父親の激しい女道楽の影響もあり、家は貧しかった。「教師になってほしい」という母親の願いもあり、県立青森高等女学校から東洋音楽学校（現・東京音大）に進み、クラシックの声楽を学ぶ。在学中も貧しい生活は変わらず、一糸まとわぬ姿でモデルをして学費を稼いだこともあった。

同校を首席で卒業後、1929年にレコード歌手としてデビューした。「別れのブルース」や「雨のブルース」などの流行歌だけでなく、ジャズやタンゴ、シャンソンなどをレパートリーとして幅広く歌い続けた。

結婚、離婚、裏切り……。さまざまな人生経験を生かし、著作や雑誌、放送での人生相談などでも活躍。80歳を超えてもテレビ出演やコンサート活動を続け、現役としての歌手活動にこだわった。

淡谷は自分の歌を「はやり歌」と評していた。「大衆の歌」である。だが、それは聴き手を見くびったり迎合したりして生まれる類いの歌ではなく、格調高い「大衆の歌」だった。

土俗的なものを嫌い、陳腐な歌や人をバカにしたりする芸に対してははっきり異を唱えるので、怖がられたり、恨まれたりしたこともあったが、それは「大衆」に敬意をはらい、「大衆」に根ざした芸能こそ、真の芸能という信念があったからだろう。

85歳で新曲を出し、渋谷の小劇場ジァン・ジァンで80年から93年まで定期コンサートを開いた。まさにジョッパリ精神があったからこそだった。日本の音楽に大きな足跡を残し、闘士としては平塚らいてう（1886―1971）や与謝野晶子（1878―1942）に連なる女性でもあった。タンゴやシャンソンなど、ヨーロッパの音楽を咀嚼し、日本の歌の中に定着させた。いつも上品な色香を発していたのが淡谷だった。1972年に紫綬褒章受章、71年と78年に日本レコード大賞特別賞を受賞している。

嫌なものは嫌。好きなものは好き。それが長生きの秘訣だったのかもしれない。ステージでピアノによりそって、そっと死んでいくのが理想だったかもしれない。

足腰が弱くなり、車椅子を使うようになってからは、マイクを向けられても決して歌おうとはしなかった。93年12月、休養宣言。静かに余生を自宅で過ごしていた。98年には青森市の名誉市民に選ばれた。「光栄に感じています。決定のあかつきにはぜひ、（称号を）受けたい」と喜んでいたそうである。

99年9月22日、老衰のため自宅で亡くなった。故人の遺志で訃報は伏せられていたが、

3日後の25日、新聞やテレビ、ラジオでその死が報じられた。朝日新聞を始め各紙は1面で扱い、テレビも特別番組を組んだ。

ラジオに出演中だった永六輔は、番組の中で急遽、戦時中に沖縄で旧日本軍に集団自決を強いられながら生き残ることができた老婦人の話をした。婦人は「淡谷さんがいることが、戦後、生きる支えになった」と永に話したという。

歌い手として、芸能人として、自分を美しく見せることにこだわった淡谷。瀕死の白鳥のように舞台で命を絶ちたいと、死に際の練習をしていたこともそうである。

八代亜紀「この先、きっとよくなるから」

町中華のラーメンが大好き

オシャレな街並みが続く東京・自由が丘。駅から八代亜紀の事務所まで歩いて十数分かかる。結構な距離だが、何度も歩いて通った。肉屋、蕎麦屋、総菜屋……。商店街のあちこちで、八代のポスターを見かけた。新曲の発売やコンサートがあると、地元の人たちが応援してくれるのである。

閑静な住宅街だが、少し離れた場所には八代行きつけの町中華もあった。海外でのコンサートなど少し日本を離れただけでも、帰りの飛行機の中で「あー、食べたい」。そう思ってしまったそうである。シャキシャキのモヤシがたっぷり入った熱々のラーメンが大好物。フーフーと言いながらスタッフと一緒に食べるのが恒例だった。近所のおじさんがギョーザをつまみにビールを飲んでいるような庶民的な店だった。

天下の大歌手なのに、偉ぶらなかった。いまも筆者がよく覚えているのがコロナ禍の

2020年6月に取材した日のことだった。この日は梅雨の中休み。黄色いヒマワリの花が事務所の中庭に咲いていた。それまでは数千人規模の大ホールでのコンサートを普通にこなしていた。昼と夜の2回公演でもチケットはほぼ完売。コロナ禍の影響でコンサートは軒並み中止になったが、「この先、きっとよくなるから」。そこには明るい、いつもの八代がいた。

事務所の案内で神奈川県箱根町にある別荘を訪ねたことがある。この日、八代は不在だったが、八代専用のアトリエがあった。描き始めるのは午後から。夕食を挟み真夜中から未明まで絵筆を握るそうである。スタッフがコーヒーを持ってきても、全く気づかないこともあったそうだ。

子どもの頃から好きだった絵画。もう一度、独学で始め、49歳のときフランスのル・サロン展で銅賞を受賞した。

「例えて言うなら、時計の振り子。歌に没頭したら今度は絵画。大きく振れることで疲れた心を癒やすことができるし、力が湧くんです」と八代は話した。

きらびやかなイメージの一方、コツコツ努力を重ねる人だった。ステージが終わった夜は、必ずその日の舞台のおさらいをする。ベッドの中でヘッドホンをし、その日、ステージ上で録音した自分の歌を流し、舞台の様子を思い浮かべたという。

「そうしないと眠りにつくことができないの」

ちゃめっけたっぷりの笑顔でそう話していたことを思い出す。

八代の故郷、熊本県八代市にも取材に行ったことがある。彼女が10歳のころ父親が脱サラして運送会社を始めたが、経営は火の車。いつも太陽みたいに明るく笑っていた父親が、苦渋に満ちた表情で帳簿とにらめっこしている姿を見て、「少しでも助けたい」と幼い八代は思った。高校進学はあきらめ、地元の交通会社に就職してバスガイドになった。

真っ白なブラウスに紺の上着。両手に白い手袋をはめ帽子をかぶると、立派なバスガイドである。だが、現実は甘くはなかった。いざマイクを握ってアナウンスすると緊張して手は震えるし、観光名所の名前は間違えるし。そのうえ車庫に戻ったらバスの掃除。中学時代の同級生らからは「制服、かっこいいじゃない」と冷やかされ、恥ずかしくてたまらなかった。

その一方で、クラブシンガーになりたいという幼いころからの夢が、だんだんと膨らんだ。入社して3カ月目くらいのとき、地元のアーケード通りにある「白馬（現・ニュー白馬)」というグランドキャバレーが歌手を募集していることを知った。18歳と偽ってオーディションを受けたら「専属歌手でお願いしたい」と採用が決まった。両親には内緒で、翌日、バス会社に辞表を提出した。

それまでの八代は、父親譲りのハスキーボイスを「嫌な声だな」としか思っていなかった。だが、キャバレーで歌い出すと、店の雰囲気ががらりと変わった。客が立ち上がり、八代の歌に合わせてダンスを始めたそうである。「私って、いい声なんだ」。自信を持てた瞬間だった。

「舟唄」「雨の慕情」など大衆に支持されてきた八代演歌は、どん底からはいあがってきた人間の凝縮した怨念が一挙に燃焼した閃光と言えるかもしれない。キャバレー勤めがバレ、「お前はいつから不良になったんだ」と父親から頰を叩かれた。勘当され、単身上京。16歳のときである。キャバレー白馬こそ、歌手・八代の原点だろう。2015年、プロモーションビデオの撮影に白馬を選んだ。10代で家を飛び出し、二度と帰ることはないと思っていた故郷・熊本。「いつか恩返しをしたかった」と八代は語った。

日本レコード大賞の開催日に

1966年、日本が高度成長へと駆け上っていた頃、八代は新宿の〝美人喫茶〟で歌手兼ドアガールとして働いた。フロア中央にピアノがあり、スタンダードジャズやムード歌謡などを歌った。その後、銀座のクラブシンガーを経て、71年9月、テイチクから「愛は死んでも」でデビューする。

下積みが長かっただけに、遅咲きと言っていいだろう。だが、レコードは全く売れなかった。重いトランクを提げて「キャンペーン」と称するドサ回りの日々である。給料をマネジャーに持ち逃げされたこともあった。借金100万円。目の前は真っ暗。でも、歌手をやめようとは思わなかった。情感豊かな天性の歌唱の凄さは、日本歌謡史の中でも「唯一無二」。だが、才能におごらず、ひたすら音楽の勉強を続けた。

八代は、アメリカ南部の都市・メンフィスを訪ね、黒人労働者の歴史を学んだことがある。思い出したのが、幼いころ熊本の父親が歌っていた浪曲だった。その中に子守歌のメロディーが入っていた。子守奉公に出された貧しい農家の娘たちが、故郷に思いを馳せ、つらさを口ずさむことで我が身をなぐさめたという。「哀愁漂うメロディーは、日本の歌の根源。日本のブルースです」と八代は語る。

ドスの利いたハスキーボイス。情感を切々と歌う八代演歌は、清純派を売りにしたアイドル歌手を吹き飛ばす迫力があった。ファンには派手な装飾を施したデコトラ（デコレーショントラック）の運転手が多かったのもうなずける。長距離運転の孤独や仕事の過酷さを、八代演歌は癒す効果があるのだろう。

所属事務所によると、八代は２０２３年８月下旬に体調不良を訴えて複数の病院を受診し、膠原病の一種である免疫異常の指定難病にかかっていることが判明した。心配だった筆者が事務所社長に連絡をとったところ、「大丈夫です。一日も早い復帰を目指し、治療とリハビリに励みます」と前向きだった。八代自身も「少しの間、大好きな歌と絵から離れなきゃいけないのは寂しいけれど、必ず元気になって戻ってきますので待っててね」とのコメントを発表した。再び元気な八代に会えると信じていただけに、容体が急変するとは事務所のスタッフをはじめ誰も思っていなかったに違いない。

２０２３年12月30日、急速進行性間質性肺炎のため死去。くしくも、日本レコード大賞が開催された日だった。享年73。

あまりに突然の死に、歌謡界は悲しみに包まれた。長く親交のあった小林幸子は「なんで！　なんで！　なんでなの？　今はこの言葉しかでてきません。頭が真っ白で言葉がみつかりません」とSNSに想いを綴った。激しく動揺してしまったに違いない。同じ銀座のクラブで歌った五木ひろしも「下積み時代から50数年間頑張っている姿をずっとそばで見てきました。心から敬意を表したいと思います」とコメントを発表した。

あまり詳しくは書かないが、2021年には事務所社長でもあった夫と離婚。つらい気持ちを表に出すことは嫌った人だったが、身を切られる思いだったに違いない。

事務所によると、葬儀は八代自身の強い遺志により、スタッフのみで1月8日に執り行われた。とても穏やかな顔で旅立ったという。

人々の代弁者として歌を歌い、表現者として絵を描くことを愛し続けた73年の人生。常に大切していたのが「ありがとう」という言葉だった。療養期間中も、スタッフや医療従事者の方々に「ありがとう」と感謝の言葉を伝えていた。

貧困、流浪、差別、因習……。戦後の日本人が封印してきた世界を思い起こさせる歌もあった。冷たい風が吹きすさぶ海沿いの小さな居酒屋こそ、八代演歌は似合った。「80歳になっても90歳になっても、『舟唄』を歌いたい」

その言葉が今、筆者の胸に重くのしかかる。

島倉千代子　「人生いろいろ」を生んだ波乱の人生

哀調を帯びたラテン音楽のような味わい

「東京だョおっ母さん」「人生いろいろ」など、戦後の歌謡界で多くのヒットを飛ばした歌手・島倉千代子（本名・同）は、「昭和」という激動の時代をひたむきに誠実に生きた。豊かな愛とぬくもりで私たちを包み込んだ人でもあった。艶やかな着物姿のイメージが強いが、自宅では男モノのTシャツとジーパンで過ごすことが多かったという。酒は全く飲めず、仕事以外に外出することも少なかったそうだ。「お千代さん」という愛称がまさにぴったりな庶民派スターだった。

肝臓がんのため75歳で旅立ったのは２０１３年11月。訃報が駆けめぐったとき、日本中のあちこちのスナックでホステスたちが客と一緒に「〽いろいろ〜」と、島倉の代表曲「人生いろいろ」を合唱していたのが懐かしい。

あのころ私は不思議な夢を見た。島倉と一緒に旅行をしているのである。突然雨が降り、ずぶ濡れになる。近くにいる人からタオルを借りると、ご本人だということが分かってしまい大騒ぎになるという展開。夢なので脈絡のない話だが、ふと目が覚めると、ベッド脇のラジオがつけっぱなしになっていた。NHKの「ラジオ深夜便」で、ちょうど島倉の歌が流れていた。午前3時台のコーナー「にっぽんの歌こころの歌」である。ラジオをつけっぱなしにして寝ることは多いのだが、偶然とはいえ不思議なことである。

実は亡くなる1年前、島倉への取材が突然キャンセルになったことがあった。

2012年10月——。私は朝日新聞の夕刊1面企画「ニッポン人脈記」で、「演歌よ」と題した連載を担当していた。さまざまな歌手に取材を申し込んだが、「日本の歌謡史を代表する歌手」ということで島倉への取材は欠かせないものだった。当初は「大丈夫です」という話だったが、マネジャーから断りの電話があった。

詳しい理由は教えてもらえなかったが、「体調が最悪で声も出なかったのです」と所属するレコード会社の担当者がのちに教えてくれた。「取材にきちんと応じられないのは失礼だと思い、断ったのではないでしょうか」と担当者は説明した。

島倉は、1938年3月、東京都品川区生まれ。高校在学中に日本コロムビアの歌謡コンクールで優勝し、55年、「この世の花」でデビュー。57年には「東京だョおっ母さん」が大ヒットし、NHK紅白歌合戦に初出場した。60年には美空ひばりと一緒に「つばなの小径（美空）／白い小ゆびの歌（島倉）」を発表。89年にひばりが亡くなるまで、本当の姉妹のような交友が続いた。

「からたち日記」などで紅白には86年まで30年連続で出場した。翌87年に出した「人生いろいろ」が大ヒットし、88年に日本レコード大賞最優秀歌唱賞を受賞。可憐な歌声は若い世代にも人気を呼び、その年再び紅白に出場した。紅白出場は計35回にのぼる。99年には紫綬褒章を受けた。とまあ、華やかな経歴である。生涯に発表した曲は2000。これほど長く芸能活動を続けた歌手は、ひばり亡き後、島倉しかいなかった。ひばりが太陽なら、島倉は月。静かに見えるが、照らすところは照らす。奥ゆかしそうに見えつつ、芯は強い。そんな人だった。

震えるような歌声が叙情的な世界を醸し出した。石川県金沢市にある「金沢蓄音器館」で島倉のデビュー曲「この世の花」の宣伝用SP盤レコードを聴いたことがあるが、島倉の声のぬくもりや深み、優しさがよみがえってくるほどの音源だった。島倉は当時16歳。こんなにも清らかな歌声だったとは……。

多くの日本人が少女・島倉千代子の一途な姿に心を打たれたに違いない。

没後、同世代の写真家・浅井慎平は、私の取材にこんなことを言っていた。

「ラテン音楽のような味わいがあった。哀調を帯びた明るさなのです。日本の戦後史に寄り添うように生きてきた歌手だった。突然私たちの前から姿を消し、その存在の大きさに改めて多くの日本人が気づいたのではないか」

たしかに、歌手としては順風満帆だった。が、私生活は波乱に満ちていた。結婚と離婚、姉の自殺、度重なる脅迫事件……。自ら命を絶とうと思い詰めたこともあった。

東京・赤坂の自宅は抵当に入り、数百点の着物も人手に渡った。歌い続ける毎日。夜になると声が出なくなることもあった。その時のことを島倉はこう語った。

「つらいとき、部屋の壁やタンスに忍（しのぶ）という字を指で書きました。『忍、母さんを助けて！』と祈るような気持ちでした。ええ、忍はあの子たちの名前です」（朝日新聞・1986年8月22日夕刊）

中絶した子どもたちのことである。国民的人気者になった島倉にとって、理由はどうあろうと、この事実はなかなか公にできないことだったのだろう。何より、自分はその気でも、周囲は許してくれない。その重荷が島倉の心にのしかかっていた。

先の記事によると、地方公演に出かけるとき、島倉は高さ10センチほどの虚空蔵菩薩と小さな茶わん3つを持って出たという。「産めなかった子どもたちに、お水をあげたいのです」。島倉は周囲の反対を押し切って、正式に供養も済ませている。

「忍、ごめんなさい。これからは母さん、いつも一緒よ。母さんの子でよかったと思ってもらえるように頑張るわ」と、その純粋な気持ちは、生涯、忘れることがなかった。

亡くなる3日前にレコーディング

振り返ると、6歳のときのけがでは47針も縫い、出血多量で危うく死ぬところだった。鉄棒にもぶらさがれず、体操の時間はいつも見学組である。自然と無口になった島倉に母がお風呂で歌を教え、励ましてくれたそうである。

歌うことしか考えていなかった人だった。人を疑わず、誰に対しても優しく接した。ファンの投げたテープが目に当たって失明しかけたり、実印を預けたせいで多額の借金を背負わされて公演先まで借金取りが押し寄せたりと、運命の神様はどこまで意地悪すれば気が済むのだろう。

しかし、そうした人生が87年の大ヒット「人生いろいろ」を生んだのではないか。軽快なテンポの曲調にのせ、「死んでしまおうなんて　悩んだりしたわ」と淡々と歌った。

その歌詞を聴いて、ファンは島倉の人生をダブらせた。「人生いろいろ」は少し人気に陰りが出ていた島倉にとって再ブレークの転機となった。しかし、その後も93年に乳がんが発覚するなど波乱は続いた。

そして2010年、肝臓がんを発症する。13年には肝硬変を併発し、6月から入院していたが、宮崎・延岡の公演には病院から会場に行った。デビュー60年の節目に向けて南こうせつに作曲を依頼した新曲は、一時退院して自宅で録音した。

新曲「からたちの小径」である。自宅には亡くなる3日前、本人の希望で機材が持ち込まれたという。島倉の声はかすれていたが、立ち会った人たちは残り少ない命を削ってまで歌いあげる「執念」を感じたそうである。レコーディングできたこと自体、奇跡だった。

「島倉さんは幾多の試練をエネルギーに換え、人生の最後に勝った」と都はるみは私の取材に答えた。懸命なその姿を見て、歌の神様も天から舞い降り、応援したにちがいない。

彼女は、紫色が好きだった。見る人をどこか物思いに誘う色である。

本田美奈子　病院は人間と人間が交流する場

「元気です。順調に回復しています」

ひたむきに努力を積み重ねてきた人だった。物事に突進するエネルギーはすさまじかった。「天使になった歌姫」。没後、そんな言葉で称賛されたが、素顔の彼女は傷つきながらも絶えず立ち上がり、自分と向き合う「戦士」だった。

２００５年11月、急性骨髄性白血病のため38歳で亡くなった歌手・俳優の本田美奈子（04年11月に改名後は本田美奈子．＝本名・工藤美奈子）。彼女は、あどけない顔立ちと、驚くほど華奢な体にもかかわらず、３オクターブを行き来したという透明感のあるパワフルな歌声で多くの人々を魅了した。彼女の歌声を聞くと、まるで自らの使命を全うする覚悟を決めたかのような迫力を私は感じた。

「元気です。順調に回復しています」

病室から送った笑顔をたたえたメッセージが、亡くなる前にテレビ番組で流れたこともあった。「血液細胞のがん」と言われる白血病の何が生と死を分けたのだろう。

当時の報道を振り返ると、前年の04年暮れぐらいから体のだるさを感じ、年が明け、「念のために」と病院で診察を受けた結果、急性骨髄性白血病とわかったという。

「どうして私が……」。のちに闘病する自分の姿をカメラで映すほど気丈に振る舞った本田だったが、医師から病気を告げられた当初は納得できなかったに違いない。あまりのショックに、その場で泣き崩れてしまったそうである。デビュー20年目。「さあ、これからだ。頑張ろう」と思っていた矢先に病気が発覚した。

この病気は、がん化した白血球が増殖し、抵抗力が極度に弱まり、ほかの病気に感染しやすくなる。そこで、厳重に管理された無菌室に即入院となった。入院当初は落ち込んでいたようだが、少しずつ元気を取り戻す。「退院したら、あれもしよう、これもしよう」と考えを切り替えることで、自分への励ましにもなったのだろう。ファンから送られてくる応援メッセージ、手紙やFAXは、1日に70~80通にのぼった。本人はそのすべてに目を通したという。

亡くなる前日には、友人でもある歌手の岩崎宏美と俳優の南野陽子が病院に駆けつけた。本田は、「ありがとう」と目に涙をいっぱいたたえ、まばたきを繰り返したという。

彼女自身も周囲も、絶対に舞台に復帰すると思っていたが、奇跡は起きなかった。

「悔しいです。絶対に生きると思っていた」

告別式の会場で、南野が涙をこらえながら集まった報道陣に対して言葉少なに答えた。

そういえば、あるとき、こんなこともあった。埼玉県朝霞市の本田の出身小学校で開かれた「しのぶ会」で、マネジャーが入院中の出来事について話した。

「『また明日ね』と見送られ、外に出たが、携帯電話を忘れているのに気づいて取りに戻ると、背中を見せてわんわん泣いていた。人にやさしく、人を思うことの大切さ。彼女と出会えたことは、とても大切な思い出です」（朝日新聞・2009年3月7日埼玉県版）

つらい話ばかり続くが、私は「病院」という場所は、病気を治療するだけの場所ではないと思っている。そこは人間と人間が交流する場。人としての温かさ、ぬくもりに接する場ではないか。本田のエピソードをこうしてつづりながら、改めてそう感じている。

ミュージカルでも努力

1967年7月、東京都で生まれた本田は、85年に歌手デビューした。4枚目のシングル「Temptation（誘惑）」で日本レコード大賞新人賞を受賞し、翌年発売した「19

86年のマリリン」もヒット。アイドル歌手として不動の地位を築いた。ミニスカートにヘソ出しルックで踊る姿がなつかしい。ひとりでステージに立っても存在感があった。

時代は60〜70年代の高度成長期を経て、日本経済がバブルへとひた走った80年代。アイドル人気も熱かった。特に「花の82年組」と呼ばれた歌手は、世代を超えて高い知名度を誇り、「豊作」だった。中森明菜、小泉今日子、石川秀美、早見優、シブがき隊、堀ちえみ、三田寛子……。私もレコードを買いあさったことを覚えている。アイドルの誰もが、昭和特有のエネルギッシュなパワーを兼ね備えていた。本田はやや遅れてきた世代だが、やがて転機を迎える。

それが英国発のミュージカル「ミス・サイゴン」日本版（92〜93年公演）のオーディションである。ヒロインのキム役には、約1万5000人が応募した。実は審査の早い段階から、英国スタッフは「日本版の適任者」として本田に注目していたという。「ひたむきで献身的、愛情にあふれたキムそのものだ」という声もあった。

地声が豊かな本田。課題は裏声を使った高音域の表現だったが、レッスンで注意を受けた箇所は、次には必ず直してきた。「どれだけ練習したことか。できそうでできない偉大なこと」と関係者は振り返る。課題を克服したことで、「アベ・マリア」などを収めたクラシックアルバムの制作へと新しい道も開けた。やはり努力の人である。

「ミス・サイゴン」の中に「命をあげよう」という歌がある。この歌をはじめ、本田は自己犠牲の愛の歌が得意だった。舞台でセットに右足を挟まれ、指4本を骨折しながらこの曲を歌い上げたこともあったという。

入院中も歌を愛した

亡くなった翌月の12月16日、夜9時からフジテレビが「天使になった歌姫・本田美奈子.」というドキュメンタリー番組を放送した。病状が回復に向かっていた時期、フジは完全復帰までのドキュメンタリーを制作しようと取材を始めたという。

彼女が残した約5時間にわたるテープと、家族が撮影した写真から、これまでの歩みと闘病を振り返った番組だった。本田は同じ病院に入院していた知人を元気づけようと、毎日のようにメッセージをテープに吹き込み、最後に歌を贈った。アカペラで歌いあげる「アメイジング・グレイス」。力強くて心のこもった歌声だ。本当に歌うことが大好きだったんだなあ。そのことがひしひしと伝わってくる秀作の番組でもあった。

東京生まれの本田だが、2歳から埼玉県朝霞市で育っただけに、「ふるさとは埼玉」

と言っていいだろう。歌手デビューし、ミュージカルなどで幅広く活躍するようになっても、地元を離れることはなかった。

朝霞警察署の一日署長を引き受けるなど、地域とのつながりを大切にした。2001年4月の朝日新聞のインタビュー（埼玉県版）でも「土いじりをきっかけにした地域の人たちとのふれあいがたまんない」と屈託なく語っていた。

東武東上線朝霞駅の南口には、本田のモニュメントがある。「ふるさと朝霞を愛した功績をたたえて」と地元商工会が市に提案。特殊加工で本田の顔写真が埋め込まれ、ボタンを操作すると澄んだ本田の歌声が流れる仕組みだ。2007年に完成した。除幕式には、友人代表としてタレントの早見優らが参加。母親は「感無量です。駅に降り立つ皆さんに元気を与えてほしい」と語った。

27歳で夭逝した俳優の夏目雅子のように、スターはいつまでもいつまでも語り継がれる。まさにスターとは、真昼の明るさの中では見えなくても、陽が落ちて暗くなると輝き始める星のような存在なのだろう。寂しくなったとき、夜空を見上げてみよう。本田はいつも私たちのそばにいる。

坂井泉水　「謎に包まれた歌姫」の澄んだ歌声

「負けないで」に励まされた

坂井泉水《いずみ》（本名・蒲池《かまち》幸子）が入院していた東京都内の大学病院に、私は14年間通っており、2023年には5回入院した。坂井がこの病院に入院していたことは、担当の看護師から聞いたのだったか。亡くなった場所も、それとなく教えてもらった。

夜9時、病室の電気を消す。就寝時間である。でも、なかなか眠れるものではない。こっそり病室を抜け出し、院内をぶらぶら歩いたこともあった。

そのときの思いをパソコンに記録していた。

「昨夜もあまり眠れなかった。どうやら自分は孤独や沈黙に弱い人間のようだ」

気分転換に病棟最上階に行く。エレベーターホールからは高層ビル群の夜景がよく見える。手前に鬱蒼とした森。夜は真っ暗だ。闇と光のコントラストを眺めるのも、東京の夜景の楽しさだろう。

「あの明かりの下で、今夜はどんな人間模様が繰り広げられているのか」

坂井が亡くなったのは２００７年5月27日。翌日の朝日新聞夕刊社会面は「ＺＡＲＤボーカル・坂井泉水さん転落死　がん闘病中の病院で」という見出しでこう伝えている（具体的な病院名は伏せる）。

「ＺＡＲＤ」のボーカルで作詞家の坂井泉水さん（40）＝本名・蒲池幸子（かまちさちこ）＝が27日午後、脳挫傷のため、東京都内の病院で亡くなったことが28日わかった。坂井さんは昨年6月、子宮頸がんを患い、入退院を繰り返していた。所属事務所などによると、26日早朝、日課の散歩後に病室に戻る途中、病院の非常用スロープの踊り場から転落したという。

四谷署の調べでは、26日午前5時40分ごろ、病院のスロープ近くに坂井さんが倒れているのを通りがかりの人が見つけた。手すり（高さ約1メートル）に残っていた指紋などから、高さ約3メートルのところからスロープ外側に転落したとみられ、詳しい状況を調べている。

坂井さんは、モデルとして活動していた91年、「Good-bye My Loneliness」でデビュー。「揺れる想い」「君がいない」など、次々と大ヒットをとばした。１６４万枚（オリコン調べ）を売り上げた「負けないで」は、94年の選抜高校野球の入場行進曲になった。

一方、作詞家として人気アーティストに楽曲を提供、テレサ・テンの「あなたと共に生きてゆく」やDEENの「瞳そらさないで」などのヒット曲を生んだ。経歴を明かさず、テレビ出演を控えて限られた映像しか公開しないなど、独特の露出手法で話題を集めた。

1994年春の選抜高校野球大会の行進曲に選ばれた「負けないで」など、坂井が作詞した曲をいま改めて聴くと、一つの基本パターンのようなものが浮かんでくる。控えめながらも、明るく健気な気持ちで開かれた未来に向かっていく姿というのだろうか。

当時の朝日新聞の「声」欄に、こんな投稿があった。53歳の女性は「私の葬儀の時には『負けないで』をかけて」と冗談まじりで家族に言っていたという。澄んだ歌声とともに、歌がストンと心に入ったそうである。結婚、子育て、子どもの受験、経済への漠然とした不安……。「学校に受かることも大切だけれど、受かる受からないより、負けないで。自分に負けないで」とエールを子どもたちに送っていたという。

人々の心の支えとなっていた歌手を失った悲しみが日本列島を包んだ。東京・六本木の所属事務所と大阪の関連レコード会社には献花台が設けられ、数千人のファンが訪れたという。バブルが崩壊し、日本が閉塞感に包まれていた1990年代、「負けないで」

が若者たちを励ました。制服姿の高校生や会社員、赤ちゃんを抱いた女性らが次々と花束を持って訪れ、記帳した。遺影の前で嗚咽する女性。坂井の存在の大きさを改めて知らされた。

それにしても、坂井は生前、メディアにほとんど露出しなかった。それなのに、多くのファンの心をとらえたのは、先行き不透明なあの時代、軽やかな歌声と普遍的な歌詞に、だれもが自分の体験を重ねることができたからではないだろうか。阪神・淡路大震災、オウム真理教による一連の凶悪な事件、就職氷河期……。東京社会部の駆け出し記者だった私は、世の中がどんより沈んでいる感じだったことを覚えている。

唐突かも知れないが、ノストラダムスの大予言によると、人類は「1999年7月に滅びる」とあり、それに向けて世の中全体がひた走っているようなムードすら私は感じた。もちろん、何も起きなかったし、人類は21世紀を迎え、今日に至っている。

90年代後半は「TOMORROW」（作詞・岡本真夜ほか）、「I'm proud」（作詞・小室哲哉）など、前向きな生き方や励ましを訴える「前向きソング」が若者の心をとらえた時代でもあった。あのころのポップスのキーワードを「がんばれ」「大丈夫」「元気」の3つとみていたのが後述する作詞家の阿久悠だった。

「元気がない時に、元気という言葉を求めたくなる。『がんばれソング』に群がりながら、実のところ何をがんばっていいのか分からない。そんな現代の若者の姿を象徴している」（朝日新聞・98年5月17日朝刊）

70年代後半に大ヒットしたピンク・レディーの「UFO」や「ペッパー警部」とは決定的に違った。当時、高校生だった私は、歌詞の中にドラマを見つけ、そこにひたることを楽しんでいた。だが、阿久は「いまは、こういう曲を出しても売れないだろう」と生前お会いしたときに言っていた。「時代の飢餓感にボールをぶつける」ことを自分に課していた阿久。90年代の「がんばれソング」について本当はどう思っていたのだろう。

デビューから8年後、初めてファンの前に

坂井が子宮頸がんを患っていたことが明らかになったのは、亡くなった後だった。全摘出手術を受けて回復の兆しを見せていたが、肺への転移が見つかり、入退院を繰り返していた。私も14年前から前立腺がんを患い、都内の病院で治療を受けている。

コロナ禍後は入院患者といっても病院の外を歩いたりすることはできないが、コロナ前は病院の敷地内であればある程度自由に散歩することができた。転落現場となった非

常階段付近は、坂井が日課としていた散歩コースだったようだ。スロープ状になっている非常階段に腰掛けていて、何かの弾みで後方に転落してしまったのだろうか。警視庁四谷署は事故と自殺の両面で捜査したが、死の真相はいまだに判然としない。

振り返ると、坂井はミリオンセラーを連発しつつも、その生涯は最後の最後までミステリアスだった。「謎に包まれた歌姫」とも言われた。派手な振る舞いを避け続け、テレビなどメディアへの露出も控えた。ファンの前に初めて生の姿を見せたのは、デビューから8年後の99年8月。アルバム購入者を対象にしたクルーズ客船でのライブだったといわれる。住まいも東京の都心でなく、郊外。人気が出てくるとおごりが見えてくるアーティストもいるが、坂井は違った。

さて、2022年11月、「天国から呼び出して飲みに行きたい昭和・平成のスターたち」という企画記事が『週刊朝日』に掲載された。1位は美空ひばり、以下は樹木希林(1943―2018)、志村けん、松田優作、忌野清志郎(1951―2009)、高倉健、渥美清。そして8位は同票で夏目雅子、尾崎豊(1965―1992)、そして坂井泉水だった。

坂井の歌に勇気づけられる国民はいまも多い。

Ⅲ

時代を映す人生
――大衆のエネルギーと想い

福富太郎　［1931–2018］
一条さゆり［1929？–1997］
阿久　悠　［1937–2007］
清水由貴子［1959–2009］

福富太郎　波乱万丈のキャバレー人生

人呼んで「キャバレー太郎」

広々としたホールにミラーボールが輝き、専属バンドによる生演奏が響く。飲み屋や風俗店が肩を寄せ合うように並ぶ東京・北千住（足立区）。街のランドマークでもあった老舗キャバレー「北千住ハリウッド」で〝キャバレー葬〟が営まれたのは2018年7月だった。タレントや出版・マスコミ関係者らが参列し、冥福を祈ったのは、この年の5月29日に86歳で亡くなったハリウッドグループ総帥、福富太郎（本名・中村勇志智《ゆうしち》）である。

人呼んで「キャバレー太郎」。東京五輪が開催された1964（昭和39）年、銀座8丁目の一等地に5階建てフロア面積1000坪の巨大キャバレー「銀座ハリウッド」をオープン。開店の挨拶状やチラシに、こんなキャッチフレーズを使った。

《驚く勿《なか》れ　ホステス3千人！　驚く勿れ　世界の三バカ！　万里の長城　戦艦大和

銀座ハリウッド》

もちろん、いわゆる「お触り」などのいかがわしいサービスはない。大人のため紳士のための健全な社交場だ。それでもオープンしたころは警察がうるさく、ちょっとお色気的なことをすると立ち入り検査を受けた。

「安心明朗会計」をうたい、銀座では初の現金払い制にした。ハイクラスな旦那衆からは「銀座の高級イメージとは違う」と批判の声も起きた。それでもやはり、サラリーマンにとっては明朗会計が何よりうれしい。

「銀座のクラブは客が一歩店に入れば、まず4万円はとられる。ところがうちは銀座で唯一の大衆キャバレーだから、1万5000円もあれば足りる。これまで高いクラブを利用していたビジネスマンたちが、ほかへ行かずにうちへ来るってわけです」と福富はうれしそうに話していた。

外国人観光客をにらみ、フロントに3人、各フロアに2、3人ずつ通訳を配置した。土産は浮世絵を染め込んだ風呂敷。世界に「銀座ハリウッド」の名を売り込んだ。子育て中のホステスのために託児所を設けるなど様々なアイデアも話題を呼び、水商売の世界では納税額全国一になった。猪突猛進。「もう、どうにも止まらない」である。

政財界の大物や有名人もひいきにした。福田赳夫元首相（1905―1995）もお忍びで訪れた。

「（福田元首相の）ふるさと群馬出身の女の子を全員つけたら40人以上になったこともあったな」と福富はうれしそうに教えてくれたことがある。作家の遠藤周作（1923―1996）もなじみ客。福富は遠藤の小説『快男児・怪男児』のモデルにもなった。秀でた額に涼やかな眉と張りのある大きな目は、大物の風格を兼ね備えていた。

「美女3000人をそろえている。松井須磨子型から加賀まりこ型まで」がキャッチフレーズ。もちろん現実にはそんなことはありえないが、大法螺《おおぼら》を吹いても許されるような雰囲気が昔はあった。高度経済成長の時代だっただけに、夜の世界もおおらかだったのだろう。

福富は1931（昭和6）年、東京府・大井町（現在の品川区）生まれ。府立園芸学校（現在の都立園芸高校）2年の時に敗戦を迎えた。学校の農園のイモを掘り出し、焼け跡で見つけた鍋で茹でて闇市で売ったというから、若い頃から商才があったらしい。

毎日腹ぺこの生活に愛想をつかし、学校を中退。年齢をごまかし、植木職人の手伝い、喫茶店勤め、古本屋の小僧、中華料理店のコック見習いなどさまざまな一期一会を繰り返し、最後は新宿のキャバレーにボーイとして住み込む。3年間無欠勤。掃除や皿洗いなど必死に働いた。「彼は真面目に働く」とホステスや客からの評判も良かった。織田信長に仕える日吉丸（のちの豊臣秀吉）のように、夜の世界で次第に頭角を現していく。

3年半でマネジャーに抜擢。19歳だった。初めて背広を新調した。その後、誘われるままに、五反田、渋谷、新宿のキャバレーを転々としてマネジャー稼業に励む。機転を利かせ、いつも笑顔。ときには大風呂敷を広げることもあったが、自分を頼ってくれる人には絶対にそむかなかった。各店で業績をあげ、26歳で独立した。

新しい店の屋号は「21人の大部屋女優の店」。もちろん、女優などひとりもいるはずはない。だが、大当たり。

「〝果報は寝て待て〟と商運が回ってくるのを待っているようでは駄目だ。自らつかみにいかないといけない」と商売のコツを説いた。福富によると、昭和の時代はなじみのホステスを口説くため何度も通った客が多かったという。でも、純情だった。

「酒でも飲まないと女性と話をすることもできないような昭和世代の客が、キャバレー文化を支えた」と話す。一方で、次第にストレートなエロを売り物にしたピンクサロンや、キャバクラが席巻し、キャバレー文化は衰退していく。

さて、福富は浮世絵の世界的なコレクターでもあり、美術評論家としても名高かった。仕事場には、勝海舟（1823―1899）の写真が机に置かれていた。江戸城の無血開城を果たし、戊辰戦争では官軍と旧幕府軍の双方から厚い信頼を集めた英傑。明治新政府にも大きな影響を及ぼした「巨人」だ。

「時代を見抜く洞察力に優れていた勝海舟。海舟だったらどうするだろうといつも考えています」と福富は話した。

公安警察官が店に

波乱万丈のキャバレー人生。公安警察官が突然店にやってきて、話を聞かれたことがある。1987（昭和62）年11月、ビルマ（現在のミャンマー）沖で起きた大韓航空機爆破事件。実行犯として逮捕された金賢姫《キムヒョンヒ》元死刑囚の供述で浮かんだ、日本人教育係の「李恩恵《リウネ》」が「池袋ハリウッド」で働いていたというのである。

「私はその女性を見た覚えもないし、どんな素性の女性かも知らなかった。聞いてみると、1978（昭和53）年ごろ、『ちとせ』という源氏名で働いていたが、突然、失踪した」

福富はそう語っていた。

「ちとせ」なる女性が働いていたという話はマスコミに漏れ、大騒ぎ。「彼女の写真はないか」「仲の良かったホステスはいないか」などあれこれ質問してくる。「池袋ハリウッド」の前には、24時間ぴったり、取材陣が張り付いたという。

「山田という店長が時の人のようにテレビの取材に応じて、いろいろしゃべっているのが放送されましたね」と福富。のちに日本の警察当局は、李恩恵を1978（昭和53）年に北朝鮮に拉致された田口八重子（当時22）と断定する。李は「バッカみたい」という言葉をよく使っており、田口も店では「バッカみたい」とよく言っていたという。

それにしても、「犯罪の陰に女あり」とは昔からよく言われるが、キャバレーのホステスも事件の鍵を握ることがあるのかもしれない。福富の店でも、客との痴話げんかがもとでホステスに硫酸が掛けられたり、逆にホステスのほうが別れた亭主を隠し持っていた包丁でいきなり刺したりするなどの事件があったという。

一時は首都圏に50近い店舗を構えた。「いろいろ聞きたい」と私は何度も福富に会い、自宅も訪ねた。

面接したホステス3万人。酒を飲むたびに別れた夫を思い出し、体を壊してしまったホステス。養育費が払えないまま、赤ん坊を店に預けっ放しにした女性。トイレの消臭剤の代金として暴力団から月4万円を要求され、断固拒否したスナックのママ。それぞれ様々な事情を抱えていた。

80歳を超えると、福富はすっかり元気がなくなった。

「ホステスさんから見れば、髪の毛の薄いオッチャン。この業界に入ったときは店では一番若いボーイだったが、半世紀以上経った今では、まるで玉手箱を開けた浦島太郎のようなもの」と苦笑していた。

「店に遊びに来ませんか?」と晩年はよくお誘いの電話があった。昭和のキャバレー文化とは何だったのかを伝えたかったのかもしれない。疲労の色が濃かった日などは、インタビュー時間を短くした。

2018年5月29日、老衰のため死去。最後まで残っていた北千住店と赤羽店の2軒も同年暮れに店を閉じた。キャバレー文化は福富の死とともに消え去ったが、福富は私に酒の飲み方以上のものを教えてくれたような気がする。ありがとうございました。

一条さゆり　ストリップは「わいせつ」か？

どこまで見せるか見せないか

虚か実か。芸能の本質とは、虚と実の微妙な間にある——。そんな「虚実皮膜」の論を唱えたのは、江戸時代の劇作家・近松門左衛門（1653—1725）だった。脱ぐか脱がぬか。どこまで見せるか見せないか。スポットライトに照らされつつ、舞台上で優雅に、ときには妖艶に舞うストリップショーも、「裸の芸能」と評していいのではないか。

「踊り子はセクシーなだけでは駄目です。舞台の上では心の美しさや人生観がにじみ出るのです」

しみじみとそう語っていたのは、京都の老舗ストリップ劇場「DX（デラックス）東寺劇場」で働いていたポスター描きのおじさんだった。

ところが、ストリップを見る世間の眼は相変わらず冷たい。新聞の世界でも、ストリップが興行として誕生した昭和20年代には劇場まわりの記者がいて、ユニークな記事が紙面を飾った。しかし、いまはコンプライアンスの問題などもあり、ストリップを新聞のネタとして扱うこと自体が難しい。

1947（昭和22）年に東京・新宿の帝都座で産声を上げた「額縁ショー」。振り返ると、これでもかこれでもかと「見せ物」の内容が過激になった一時期もあった。未成年を舞台に上げて当局に摘発された劇場もあった。

裏も表も踏まえた上で、ストリップを真面目にとらえていたのが俳優の小沢昭一（1929―2012）だった。こんな言葉を残している。

「ストリップよ。いつまでも、世のヒンシュクを買う〝毒〟をたっぷり含んで、野風にさらされながら暗闇の中で咲いておくれ」（『私のための芸能野史』芸術生活社・1973年）

「香盤」と呼ばれるスケジュールをもとに、10日単位で日本各地の劇場を渡り歩く。楽屋泊まりを重ねて1年365日の大半は旅の空。小沢によると、日本の興行界の中で「原始的職業芸能者の放浪性」を最も色濃く反映しているのがストリッパーだという。

一条の前に一条なく、一条の後に一条なし

全盛の昭和時代は、個性豊かな多くの踊り子が出た。中でも「反権力の象徴」として語り継がれてきたのが一条さゆり（本名・池田和子）である。「一条の前に一条なく、一条の後に一条なし」。そう言われた伝説の踊り子。小沢が心の底から敬愛していた踊り子だった。

亡くなったのは1997年8月3日。肝硬変のため大阪市内の病院で死去した。享年60とされるが68という説もある。

新聞各紙は翌4日、訃報を報じたが、自宅は大阪市西成区萩之茶屋2丁目の「釜ヶ崎解放会館」となっていた。大学闘争の嵐が吹き荒れたころから70年代にかけ「特出しの女王」と呼ばれ、新左翼やウーマンリブの活動家らからは「反権力の象徴」と祭り上げられた経歴もあり、釜ヶ崎の解放会館を自宅としたのかもしれない。

踊り子を引退した晩年は、釜ヶ崎にある労働者向けの食堂で朝4時から3時間、皿洗いの仕事に就いていた。時給600円。3畳一間のアパートの日払い家賃が800円だから、ぎりぎりの生活だった。肝硬変を患っていたという。

新潟県で生まれた一条は、物心つかないうちに両親と死別した。12人きょうだいの8

番目だったといわれる。里子に出され、埼玉県川口市で育ったらしい。20歳のとき、東京の百貨店でエレベーターガールとして働いていた。ヤクザにだまされ、男の子を産む。ヤクザは「堕ろせ」、そう怒鳴って出て行ってしまった。幼い子を背負ってストリップ劇場をめぐり、舞台に立つ日々。

その半生を綴った元東大講師・駒田信二（1914—1994）の実録小説『一条さゆりの性』（講談社・1971年）で人気に火がつく。

秘部から白い液体がとろりと流れ出し、それがライトに照らされてキラリと光る……。これ以上、詳しくは書けないが、他の踊り子には絶対まねできない「秘技」を舞台上で披露し、絶大な人気を得た。

権力との闘い

1972年、大阪・吉野ミュージックでの引退興行中に一条は現行犯逮捕された。

「あと数日でストリップ界から離れるというときに……。あきらかに見せしめだった」と、元興行師の川上譲治は語る。

公然わいせつの罪で起訴されるが、起訴状の公訴事実にはこんなことが記されていた。

「被告人は……（中略）観客約百八十人の面前で音楽に合わせ日舞を踊りながら順次着衣を脱ぎ、薄くて短い腰巻きまたは短いベビードール一枚の姿となり、中腰またはしゃがむなどの姿態で股を開き指で陰部をひろげるなどことさら陰部を露出し、もって、公然わいせつの行為をしたものである」

この文章を読んで、どこか不快に感じた読者も多いだろう。この起訴状のほうがよっぽどわいせつではないか、と言いたくもなる。いずれにせよ、一条は「表現の自由」をめぐって最高裁まで争った。それもそのはず。いわゆる「特出し」と言っても、一条の場合は踊り手の真剣さや優しさがにじみ出ていて、感動のあまり涙を流していた観客もいたのだから。

法廷では「公共の場ならそれ（裸）を見たくない人も見てしまうという被害が発生するかもしれないが、見たい人だけがお金を払って見ているのだから、どこにも被害者はいない。被害者がいなければ犯罪は成立しない」。こんな弁護も繰り広げられたに違いない。でも、懲役6カ月の実刑が確定。和歌山刑務所に服役した。

社会通念が変容する中で、わいせつ性に関して司法当局は柔軟な判断を下すことができなかったのだろうか。厳しい懲役刑に対し、業界からは猛烈な抗議の声が上がった。

浅草フランス座の元支配人・佐山淳（1924－2001）は著書『女は天使である――浅草フランス座の素敵な人たち』（スパイク・1997年）の中でこう書いた。

「オレも何度か捕まっているが、普通は2泊3日の警察署内の留置所暮らしで帰ってこられるものである。異例の長期実刑判決であった」

公判中に一条は日活ロマンポルノ「一条さゆり　濡れた欲情」に出演し、話題となった。「本来は謹慎していないといけないのに、ポルノ映画への出演が司法当局を刺激したのではないか」と、佐山は語っていた。

刑期を終えて出所したとき、一条はすでに「過去の人」になっていた。当局の眼が心配なのか、彼女を舞台に上げる劇場はなく、マスコミも文化人も話題にしなくなった。酒におぼれる日々。飲んだくれて客とケンカをする荒れた生活が続いた。

あれこれあったが、大阪に落ち着く。「過去を捨てて生きていけそうな街」と思ったのだろうか。だが、酔って歩いて交通事故に遭う。釜ヶ崎の酒場で働いていた1988年には、交際していた男性がいきなり店に入ってきてカウンターにガソリンをまき、火をつけた。一条は大やけどをしたが、一歩間違えば焼死していたかもしれない。これは事件として各紙社会面を賑わせた。

生活保護を受けながら3畳一間での暮らし。養ってくれる家族もなく、ついに1997年8月、肝硬変のため死去。葬儀には労働者ら約100人が参列したという。

それにしても、ストリップとは一体何なのだろうか。

「私は、裸を超える裸、裸だけでない何かを伝えたいと思っています」と、語るのは、現役ダンサーの牧瀬茜である。踊っていると、何かが天井から降りてきて、自分の体の中に入ってくるのを感じるときがあるという。

「一種の憑依というのでしょうか。神がかり的な力を感じます。自分ではない何かが自分を動かしているのです」

一条の踊りも、まさに憑依という表現がピッタリだった。

神話に登場する女神アメノウズメノミコト（天宇受売命）を思い出す。天の岩戸に隠れてしまったアマテラスオオミカミ（天照大神）を誘い出そうと衣服を広げて裸を見せたという話だ。踊ることで闇夜は明け、世界に光がさしたと伝わる。とびきり無頼のエネルギーを、本来、ストリップは持っていたに違いない。

だが衰退は著しい。40年近く前は全国に約150館あったストリップ劇場も、現在では20館ほどしかない。

阿久　悠　最期は本名で

「僕は怨念や情念は苦手」

新聞記者歴35年。数え切れないほどインタビューをしてきたが、作詞家・阿久悠ほど、そのとき発した言葉がいまも重く響く人はいない。

亡くなる９カ月前の２００６年11月。東京・六本木の事務所でお会いした。「男と女の愛をどう描くか」について話題になったとき、彼はこう言った。

「僕は大体、怨念や情念が苦手。虚無的な人間が一瞬だけでも虚無を忘れて愛に溺れ、愛に墜ち、熱が冷めるとやはり虚無の中にあるというのが好きなのです」

このときは、阿久が作詞した「舟唄」（作曲・浜圭介、１９７９年）が効果的に使われた映画「駅　ＳＴＡＴＩＯＮ」（１９８１年）の取材だった。主演・高倉健。舞台となった北海道増毛町の居酒屋の女主人を倍賞千恵子が演じている。

雪がしんしんと降り積もる大晦日。赤ちょうちんがともる居酒屋で巡り合った男と女。

お互いに言いようのない孤独を抱えていたからこそ、魂が揺さぶられるような刹那的な愛を感じたのだろう。「最近は男と女の出会いが軽くなった。詞になる気配があまり感じられない」と語っていた阿久にとっては、まさにうってつけの映画だったと言える。

ヒットメーカーとして時代に寄り添う言葉を探し続けてきた阿久は、「職業名は阿久悠」と称していた。腎臓にできたがんの除去手術を受けるため2001年9月、東京都内の病院に入ったとき、医師や看護師ら誰もが「阿久さん」と呼ぶことなく、本名の「深田公之さん」と呼んだ。

そのときの心境を著書『生きっぱなしの記』（日本経済新聞出版）でこう書いている。

「ぼくは、ぼくと社会を繋ぐ糸が断ち切られた気持ちになり、ただの六十四歳の、手強い病気を抱えた深田公之だと思い知らされるのである」

阿久は、決して自分の本名が嫌いだったわけではない。本名・深田公之で生きた時間を恥じているわけでもなかった。三十数年、阿久悠と呼ばれてきただけに、阿久悠を取り上げられたような感覚が何とも心細くさせたのだろう。

阿久は入院・手術をしたとき、64歳だった。私も62歳の時に入院・手術を何度か繰り返したが、62歳も64歳も決して若くはないと、病室にいてしみじみ思った。現役の新聞記者として、曲がりなりにも35年間、取材現場の第一線に立ち続けていただけに、「年齢なんて関係ない」と強がっていたところもあった。だが、病気であるという歴然とした事実を無視することはできない。阿久も年齢の重さを感じたに違いない。

阿久の墓は静岡県伊東市の自宅近くの海を見渡す山の上にあり、墓石には「悠久」と大きく刻まれていた。2012年の秋、お参りに行ったことがあるが、海風が心地よく、太陽の光がまぶしかったのをよく覚えている。墓は現在、東京都内に移転したが、阿久にとって伊豆の海と空は創作活動の原動力になったのではないだろうか。

生涯に5000曲の歌詞を書き、シングル売り上げは作詞家としてはトップクラスの6800万枚強。オーディション番組「スター誕生!」(日本テレビ)は企画から関わり、審査員も務めた「歌謡界の巨人」阿久は、常に時代と向き合ってきた。

「歌が迷子になっている。大人の歌がないので、王道に導いて欲しい」と八代亜紀に伝えたこともあった。昭和が終わり、平成も終わり、令和になったいま、歌の詞にどのくらい力があるのだろうか。

ピンク・レディーとの出会い

ここで阿久の簡単な経歴を振り返りたい。1937（昭和12）年2月7日、兵庫県の淡路島に生まれた。父親は警察官だった。この3カ月後に生まれたのが美空ひばりである。阿久は終生、ひばりを意識していた。

「大体ぼくは意地の強い方なので、この人にはかなわないやとはめったに思わないのだが、何故か彼女には、最初からかなうはずのない人、という思いがあった」（『愛すべき名歌たち　私的歌謡曲史』岩波新書）

世の中の動きに耳を澄ませ、あるときは過激な、あるときは斬新な言葉をちりばめ、言葉の魔術師といわれた阿久。真っ正面からひばりと向き合ってこなかったことは事実だろうが、実は逃げたのではなく、ひばりで完成した歌の本道とは違う道を歩みたかったに違いない。

阿久は、明治大学文学部を卒業後、広告代理店に勤務。テレビ番組の企画などを手がけた後の1966年、フリーとなり、作詞を中心に執筆活動に入った。特に、これまでの日本の歌謡界を打ち壊したいという意欲を持って作詞活動を展開したのではないだろうか。男と女の情愛についても、「惚れた、はれた」のめめしい世界観を嫌った。

尾崎紀世彦（1943―2012）「また逢う日まで」（作曲・筒美京平、71年）、和田アキ子「あの鐘を鳴らすのはあなた」（作曲・森田公一、72年）、森昌子「せんせい」（作曲・遠藤実、72年）、ペドロ＆カプリシャス「ジョニィへの伝言」（作曲・都倉俊一、73年）、都はるみ「北の宿から」（作曲・小林亜星、75年）、ピンク・レディー「UFO」（作曲・都倉俊一、77年）、小林旭「熱き心に」（作曲・大瀧詠一、85年）など、それこそ書き切れない数の作品がある。「宇宙戦艦ヤマト」（歌・ささきいさお、作曲・宮川泰、74年）、「ウルトラマンタロウ」などアニメや子ども向け歌謡曲も多く手がけている。特に、オーディション番組「スター誕生！」からは、森昌子、桜田淳子、山口百恵、岩崎宏美、新沼謙治、小泉今日子ら多くのスターを生み出した。

だが、中でも特筆すべきは、「作詞家を超えて、イメージの世界をデザインしつづけていたようで、面白い時代であった」（前掲『愛すべき名歌たち』より）と自身が回顧したピンク・レディーとの出会いだった。遊園地の新しいアトラクションを次々に作っていくような仕掛けの面白さに取り組むことで、阿久は確かに時代を動かした。

冒頭のインタビューに戻ろう。阿久の受け答えは丁寧で明確だった。私の目の前にいるのは確かに「歌謡界の巨人」なのに、そんなそぶりは一切感じさせなかった。私は当時、北海道の最北端、稚内の支局に勤務していたが、「稚内ってどんなところなの？」

と阿久から逆に質問されたくらいだ。それくらいフランクな雰囲気での取材だった。

同様に、彼が手がけた歌の詞も、意味不明な文言や暑苦しい情緒に流されているものは一切ない。いたってシンプルである。絵画に喩えるなら、抽象画ではなく具象画である。だが、具象と言っても、単に事実を並べるのではない。視点や構図が全く違うのだ。沢田研二の「勝手にしやがれ」(作曲・大野克夫、77年)は、「壁ぎわに寝返りうって 背中できいている」なんて、まるで映画を見ているようである。

言葉一文字にこだわった。都はるみの「北の宿から」は「女ごころの未練でしょう」と歌い上げる。それまでの演歌のつくりだと「未練でしょうか」と問いかける形になるところを、あえて「か」を抜いた。自分を客観視し、自立する女性を登場させたのが阿久だった。都は以前、私の取材に「『あなた死んでもいいですか』なんて言いながら、この女は絶対に死なないなと思う。強い女なんです。私に似ているなと思った」と話したことがある。

阿久の詞は、人間関係が希薄になりがちな現代社会へのSOSだったかもしれない。阿久は「時代の飢餓感にボールをぶつける」ことを自分に課していた。世の中が豊かになっても満たされないものがある、と。象徴的なのは、河島英五(1952—2001)

の「時代おくれ」（作曲・森田公一、86年）だろう。

《目立たぬように　はしゃがぬように　似合わぬことは無理をせず》

この国がバブルに浮かれ始めた86年、49歳のとき発表した。親友の上村一夫（1940―1986）が45歳で急逝した年だ。劇画「同棲時代」で一世を風靡し、「天才」といわれた漫画家。「彼の死がぼくを変えた。天下を取る気でいたのが空しくなった」と阿久は語っている。

昭和が輝いていた時代を懸命に生きた阿久。けれど、「ちょっと止まって足元を見ようよ」と私たちに伝えたかったのではないか。阿久は2007年8月1日、尿管がんのため都内の病院で逝った。享年70。死と向き合いつつも、執筆の意欲は失わなかった。病は阿久の肉体を奪ったが、魂を奪うことはできなかった。

清水由貴子　真面目で良い子が背負ったもの

「母ちゃんを連れていく事許してください」

清水由貴子

「介護のつらさは経験した者でないと分からない」

そんな声をよく耳にする。

しかも、責任感が強く真面目な人ほど「助けてほしい」となかなかSOSを発することができないのが現実だ。介護・看病疲れで自ら命を絶った人のニュースが日々報じられているが、この人もまた献身的に母親の介護をした末、死を選んだ。

2009年4月21日午後、静岡県小山町の霊園にある父親の墓前で命を絶っているのが見つかったタレントの清水由貴子（享年49）である。その傍らには、母親が意識不明の状態で車椅子に乗っていたが、命に別状はなく、警察に保護された。

富士山を望む自然豊かな霊園。現場近くには「消防に通報してください。ご迷惑をおかけします」などとA4判用紙2枚に書かれたメモがあった。携帯電話には「母ちゃんを連れていく事許してください。天国で幸せ見守っています」と妹に向けた未送信のメールが残っていた。この日の午後、清水の家族から「20日に墓参りに行ったまま連絡がとれない」という電話が霊園にあったため、職員が捜していた。

母親は認知症で、糖尿病による合併症で視力が低下。転倒して肋骨も折り、要介護度は下から2番目の「要支援2」から最も重い「要介護5」になっていた。清水を知る介護関係者は「自分ひとりですべてを背負ってしまい、自分を追い込んでしまったのではないか」と話していた。

1977年に「お元気ですか」で歌手デビューした清水。テレビドラマに俳優として出演したほか、萩本欽一のバラエティ番組などで欽ちゃんファミリーのメンバーとしても人気を集めた。2003年にはNHK朝の連続テレビ小説「こころ」にも出演。しかし、その3年後に所属事務所を辞める。母親の介護に専念するためだった。そのころ清水自身も、うつ状態だったという。

「(母親が)食事をおいしく食べてくれない。おいしくないのかも」

「おむつを何種類も試してみたのに……」などと悩みを訴えていたらしい。

苦難の連続だった人生

振り返ると、清水の人生は、芸能界にデビューする前から苦難の連続だった。彼女が8歳のとき父親が心臓の病気で他界。まだ39歳だった。彼女のほかに1歳の妹がおり、家族は東京・浅草の親類宅で生活保護を受けつつ生活した。どん底の貧乏生活である。高校も奨学金をもらって卒業した。

「ずっとお金に縁がなかったせいか、芸能界に入ってからも高級なものはなかなか買う気が起きなかった」（朝日新聞・91年9月28日夕刊）

「家族を喜ばせたい」と都内に一戸建てを購入し、母と妹と暮らした。要介護認定のために訪れた調査員に「何とかやっています」と明るい表情で語っていたそうだ。たしかに健康的な明るさが清水の魅力だったが、真面目な人だっただけにつらさを表に出すことはできなかったに違いない。やり場のない無念を感じてしまう。

清水の悲報を受けて、世間はどんなことを思ったのだろう。当時の新聞記事をもう一度読むと、「ひとりの芸能人の死」というより我が身に寄せて、自分自身の問題として受け止めていたことが分かる。

姑を介護するさなか病気になり手術を受けた関西の50代の女性は、退院後、「頑張ら

清水由貴子

ないようにしよう」と自分に言い聞かせたが、精神状態がおかしくなり、恐ろしい雑念にとらわれた瞬間もあったという。09年5月8日付の朝日新聞大阪版の「声」の欄には、こんなことが書かれていた。

「デイサービスやショートステイでは本当にお世話になった。来てもらっていたヘルパーさんには姑の愚痴を聞いてもらい、一緒に涙したこともあった。介護者の会でも他の家庭の様子を知り、参考にさせてもらった。自分の今の状況を誰かにわかってもらえるだけで、ずいぶん気が楽になった。気持ちのはけ口がなければ人はつぶれてしまう。介護する人の精神的負担は計り知れない」

たしかに、清水と同じように、介護者が介護疲れで悩むケースは多い。仕事を辞めて将来に不安を抱いたり、自分が体を壊してしまったり。介護に専念しようと決意したが思うようにできず、自己嫌悪に陥るケースも多いようだ。

私の知人も、同居の母親が認知症になって暴言暴力がひどくなり、グループホームに入れたという。「家が好きだった母を、私が駄目なばかりに施設に入れてしまった」と悔やんでいたが、介護をしながら自らが病気になってしまう人はとても多い。しかも、超高齢化社会。介護者にはゴールが見えない不安も付きまとう。

「何か強く惹かれるものが」

ところで、清水の芸能界への出発点となったオーディション番組「スター誕生!」(日本テレビ)の決勝大会を振り返ってみよう。

1976年2月18日のあのとき、イルカの「なごり雪」を歌って、見事、16代目チャンピオンに輝いた清水。14社からスカウトのプラカードが上がった。同じ大会に出ていた静岡出身の根本美鶴代と増田啓子の2人組(のちのピンク・レディー。このときスカウトの意思を示したのはわずか1社)に大差をつけての栄冠だった。のちのちのことを考えると、あのピンク・レディーに勝つとは、まさに衝撃的な出来事だった。

素朴で親しみやすい笑顔。庶民的なキャラクター。しかも、明るく振る舞えば振る舞うほどいじらしさや健気さが感じられる少女が清水だった。ジーパンをはき、背中を丸めながらギターをつま弾く姿は、哀愁さえ漂わせていた。

審査員のひとり、阿久悠は、今までのアイドルにはない限りない可能性を見出していたに違いない。清水の第一印象を阿久は「美少女という印象でもないし、スターの卵というしたたかな雰囲気でもないのだが、何か強く惹かれるものがあった」と著書『夢を食った男たち』（毎日新聞社）に書いている。ちなみに、デビュー曲「お元気ですか」の作詞を手がけたのは阿久である。

その「スター誕生！」での出来事を清水は「徹子の部屋」で振り返り、ピンク・レディーのことを「ピンク・レディーちゃん」と表していた。清水なりの思いやりのある愛情表現だったのだろう。そんなところにも誠実で真面目な清水の人柄がうかがえる。だが、華々しく芸能界入りしたものの、「お元気ですか」のあとヒット曲には恵まれなかった。

「このまま駄目になってしまうのだろうか」と深刻に悩んでいたとき、清水は占い師の「新宿の母」に占ってもらったそうである。１９８０年、年の瀬の12月27日。一般人と同じく1時間並んでみてもらったところ、「来年から仕事運が向いてくる」と言われた。たしかに、翌81年、テレビの時代劇に初出演し、役者として新しい境地を開く。主演の杉良太郎から役者としての心構えや芝居のイロハを厳しく指導されたというのである。

82年にはバラエティ番組「欽ちゃんの週刊欽曜日」（ＴＢＳ）のレギュラーに抜擢。「欽ちゃんバンド」のコーナーではエレクトリックピアノを担当し、多彩な才能を見せた。

萩本は朝の情報番組「みのもんたの朝ズバッ！」（TBS系）で、清水が亡くなる前年の08年10月ごろに手紙が届いたことを明かしたうえで、「手紙の最後に『これからも頑張るからね』と明るいことが書いてあったのに残念。おそらくいい子（でいるの）にくたびれた、そんな気がするね。最後はちょっと悪い子だったな」と悲痛な表情で語っていた。

たしかに、いくら有名人であっても、最後は引退した一般人の身。一度折れた心は、やはり元に戻らないのだろうか。しかも清水は、父の墓と車椅子の母という「両親」の前で死を選んでしまった。「お元気ですか、幸福《しあわせ》ですか……」。デビュー曲の歌詞の澄んだ声があまりにも切なく、悲しい。

Ⅳ

闘い続ける人生

——闘魂・忍耐・孤独・挑戦

アントニオ猪木［1943–2022］
ラッシャー木村［1941–2010］
アンドレ・ザ・ジャイアント［1946–1993］
ジャンボ鶴田［1951–2000］

アントニオ猪木　「迷わず行けよ、行けば分かるさ」

猪木に国民栄誉賞を

この曲でどれだけ勇気と元気をもらったことか。アントニオ猪木（本名・猪木寛至）のテーマ曲でもある「炎のファイター～INOKI　BOM-BA-YE～」。プロレスをあまり知らない人でも、これを聞けば「燃える闘魂・アントニオ猪木」を思い出すだろう。

高校時代にプロレス研究会を立ち上げ、猪木のさまざまな試合を自分の目で見続けてきた筆者にとっても、「闘魂の残照」はいまなお胸を熱くさせる。あのころは「馬場派」と「猪木派」でプロレスファンが二分されていたが、熱い、いい時代だった。

それにしても、難病「心アミロイドーシス」などとの闘病生活の末、猪木が2022年10月1日、79歳で亡くなった後も、「猪木に国民栄誉賞を」という声は依然として根強い。プロレス以外の業績にも目をやると、まさに国民栄誉賞クラスの活躍を猪木はしてきたのだから。

1989年、スポーツ平和党を結成して参院選で初当選。プロレスラーとして初の国会議員の誕生である。90年の湾岸危機では、フセイン政権下のイラクで邦人人質の解放に尽力。師匠・力道山（1924―1963）の故郷でもある北朝鮮には独自のルートを持っていた。33回も訪れ、スポーツ交流による日朝関係改善を訴えた。政治家・アントニオ猪木の足跡を私たちは忘れてはいけない。

SNS上で「天国を卍固め　釈迦もキリストも閻魔大王もきっとみんな猪木ファン」という投稿があった。まんざら冗談ではなく、「猪木ならありうるな」と思ってしまう。

晩年は難病と闘いながら、YouTubeで日常の様子を発信した。全盛期の雄姿からはほど遠くやせ細った姿だが、自身の姿を隠すことをしなかったのも猪木の人生美学だったのかもしれない。「迷わず行けよ、行けば分かるさ」。猪木がよく口にした詩「道」の一節が浮かんでくる。

猪木と言えば、相手に喝を入れる「闘魂ビンタ」も懐かしい。参議院の予算委員会では決め台詞の「元気ですか！」を放ち、委員長から「心臓に悪い方もいる」と注意されたこともあった。だが翌日、懲りずに再び絶叫した猪木。国会でも「規格外のカリスマ」だったと言っていい。

そんな猪木の79年に及ぶ波乱の人生をたどる企画展が、２０２４年2月、故郷でもある神奈川県横浜市のみなとみらい地区にある大型商業施設で開催された。猪木が獲得したチャンピオンベルトやリングに上がる際に着ていたガウン、真っ赤なタオルなど懐かしい品々が展示され、多くの猪木ファンでにぎわった。

開催前日、マスコミ向けの内覧会があり、私も取材で会場を訪ねた。うれしいことに、猪木の愛弟子である藤波辰爾がゲストとして参加しているではないか。ＩＷＧＰヘビー級王者だった藤波。１９８８年8月には横浜文化体育館で猪木からの挑戦を受けた。日本人同士の、しかも師弟対決となった大一番。結果は60分フルタイムドローだった。

企画展では当時の熱戦を写したパネルも展示された。猪木が藤波を必殺技コブラツイストで決めた瞬間である。藤波は「懐かしいなあ」。食い入るように見ていた。

常に時代を先取り

ここで猪木の生涯を年表でたどってみよう。

アントニオ猪木

1943年2月20日　横浜市鶴見区で生まれる

57年　家族でブラジル移住。コーヒー園などで働く。やがて砲丸投げや円盤投げに熱中し、ブラジルの全国大会で優勝する

60年　サンパウロを訪れていた力道山にスカウトされ、馬場正平（ジャイアント馬場＝1938―1999）とともに日本プロレスに入団。四角いリングの世界に飛び込む。デビュー戦の相手は大木金太郎（1929―2006）

72年　新日本プロレス設立。旗揚げ戦（東京・大田区体育館）でカール・ゴッチ（1924―2007）と対戦し、敗れる

76年　ミュンヘン五輪柔道金メダリストのウィレム・ルスカ（1940―2015）との異種格闘技戦で勝利

モハメド・アリ（1942―2016）との異種格闘技戦で引き分け

87年　「巌流島の戦い」で2時間超の熱戦の末にマサ斎藤（1942―2018）を下す

89年　スポーツ平和党を結成。参院選初当選

90年　イラクで「平和の祭典」開催

95年　北朝鮮でプロレス興行

98年　東京ドームで引退記念試合
2013年　日本維新の会から参院選に立候補し当選（比例区）。18年ぶりに国政復帰
19年　政界引退
20年　難病「心アミロイドーシス」を公表

年表を振り返って改めて分かるのは、猪木という男は時代を先取りしたアイデアと抜群の行動力の持ち主だったことである。ショー的要素が強いプロレスとは決別し、「ストロングスタイルのプロレスをめざそう」と設立した新日本プロレスでは、数々の名勝負を繰り広げた。力道山時代には御法度とされた日本人同士の対戦カードも組んだ。前述した藤波のほか、長州力、初代タイガーマスク（佐山聡）、前田日明《あきら》ら若手の育成にも励んだ。

だが、何よりも世間を驚かせたのは、1976年6月26日、「ザ・グレーテスト」を標榜したボクシングの世界王者モハメド・アリとの異種格闘技戦だった。会場は東京・日本武道館。45分フルタイムドローとなり、「世紀の凡戦」と酷評された。

アリへの莫大なファイトマネーの支払いで多額の借金を背負い、窮地に陥った猪木。

だが、その後、黄金期を迎える。「熊殺し」の異名をとった極真空手のウィリー・ウィリアムス（1951―2019）らとの異種格闘技戦を推し進め、世界の大巨人アンドレ・ザ・ジャイアント（1946―1993）や不沈艦スタン・ハンセン、超人ハルク・ホーガンらとの名勝負を繰り広げ、ファンを熱くさせた。

一方でさまざまな名言も残している。

「出る（闘う）前に負けること考える馬鹿がいるかよ！」

「馬鹿になれ。とことん馬鹿になれ。恥をかけ。とことん恥をかけ。かいてかいて恥かいて、裸になったら見えてくる。本当の自分が見えてくる。本当の自分も笑ってた。それくらい馬鹿になれ」

「迷わず行けよと言っても、俺にも迷う時もある」

どれも猪木らしい。だが、冒頭でも記した、1998年4月4日に東京ドームで行われた引退記念試合後のスピーチで、猪木が披露した詩がナンバー1だろうか。

「この道を行けばどうなるものか。危ぶむなかれ、危ぶめば道はなし。踏み出せばその一足が道となり、その一足が道となる。迷わず行けよ、行けば分かるさ」

もちろん「元気があれば、何でもできる」も名言である。

盟友・ジャイアント馬場

さて、ここで永遠のライバルとも言われたジャイアント馬場（猪木より5歳年上）との関係について述べておきたい。プロ野球・読売巨人軍のピッチャーだった馬場。入門当初からスポットライトを浴び、翌年には海外への修業に出る。いわゆるプロレス界の「エリート教育」である。

一方の猪木は、力道山の付き人。心ないファンの中には「馬場へのねたみがあった」という声もあったが、勝手に作り上げたストーリーに過ぎないだろう。馬場がエンターテインメントとしてのプロレスをめざしたのに対し、猪木は「過激なプロレス」「ストロングスタイルのプロレス」をめざしたという違いがあった。アリとの一戦についても「プロレスは八百長」という世間の誤解を覆したかったに違いない。格闘ロマンを具現化した男と言っていいだろう。

1979年、「夢のオールスター戦」が開かれ、盟友・馬場と「BI砲」を復活させた。アブドーラ・ザ・ブッチャー&タイガー・ジェット・シン組を相手に勝利した時、「次は馬場VS猪木の夢のカード」とファンは期待したが、この対戦は実現しなかった。

実現しないで良かったと筆者は思っている。

2023年秋、猪木家の墓がある横浜市鶴見区の総持寺に銅像が建立された。ゆかりの深い選手や関係者が「1、2、3、ダーッ!」と拳を突き上げて追悼した。ファンにとっては新たな聖地の誕生だ。銅像に手を合わせるファンの姿は絶えない。歴史に刻まれた名勝負の数々。近年、アリとの対戦も、真剣勝負だったと再評価されている。

猪木よ、永遠なれ。令和の若き人たちが、あなたの闘魂を引き継ぐ。

ラッシャー木村　「金網デスマッチの鬼」の素顔

テトラポットの美学

生き方は不器用でも温かさを秘めた人だった。それも電気ストーブのような温かさではなく、寒い冬の日、お母さんがかじかんだ手をじっと握ってくれたときのような、じんわりと体の芯から伝わる温かさ、と言っていいだろう。国際プロレスのエースとして「金網デスマッチの鬼」の異名をとり、黒のロングタイツ姿で凄惨な流血試合を繰り広げたラッシャー木村（本名・木村政雄）。彼の頑強な肉体を生かすためのデスマッチだったというが、コンプライアンスがうるさい現代では絶対に無理な試合形式だった。

実は私は高校時代に木村に会っている。当時、プロレス研究会を主宰しており、文化祭で「プロレスと現代社会」と題した真面目な企画を考えていた。その際、全日本でも新日本でもない、第3のプロレス団体を率いる木村の話を聞きたいと思い、東京・後楽園ホールの試合会場まで駆けつけたのである。

選手控室でわずか数分。しかし、マスコミでもない高校生の取材に応じてくれたことは、とても有り難かった。「金網デスマッチの鬼」なので怖い人かと思ったが、とても温厚な人だった。

だが、あまりにもしゃべらないので苦労した。「黒タイツが力道山に似ていますね」と聞いたら、「そうかい」と不愉快そうな顔をしたのを覚えている。

さて、1981年、国際プロレスは解散した。木村は一時、引退も考えたというが、アニマル浜口らとともに「国際軍団」を結成。新日本プロレスのリングに上がり、悪役に徹してアントニオ猪木らと勝負を繰り広げた。

猪木が波状攻撃で繰り出すナックルパンチを、耐えて耐えて耐え抜く姿がテレビで放送されたことがあったが、当時、「ワールドプロレスリング」(テレビ朝日)の実況を担当した古舘伊知郎はその姿を見て「テトラポットの美学」と称賛した。耐え抜く姿こそ、木村の真骨頂だった。

84年、新天地を求め全日本プロレスに移籍。恐ろしいまでの怪力の持ち主のうえ、相撲で鍛えた下地を合わせると、ジャイアント馬場や猪木よりも強いのではないかと言われたが、地味なファイトだっただけに次第に影が薄くなる。

そんなとき、反転攻勢を掛けるかのように、木村の人気が再燃する。ユニークな「マイク・パフォーマンス」のおかげである。

そもそものきっかけは、81年9月23日、東京・田園コロシアム。新日本プロレスのリングに浜口を連れて現れた木村は、マイクを向けられると決意表明に先立って「こんばんは」と丁寧に挨拶をした。「新日本VS国際」という団体対決につきものの殺伐としてピリピリとした雰囲気に会場は包まれていたのに、この「こんばんは」発言は観客を拍子抜けさせ、失笑すら買った。この挨拶があまりにもおかしかったのか、当時、ビートたけしが「こんばんは、ラッシャー木村です」とネタにしたこともあり、お笑いのネタとして世間に広まってしまった。「金網デスマッチの鬼」が「マイク・パフォーマンスの木村」になった瞬間でもある。

のちに私が浜口から聞いた話では「こんばんは」というのは、素の木村そのもの。初めての新日本プロレスのリング。しかも、大勢のファンが詰めかけているだけに、「まずは挨拶をしないといけない」と思ったのだろう。朴訥で愚直で誠実な木村の性格がにじんでいた「こんばんは」発言だった。

終の住処は都営住宅

いずれにしても、木村は昭和から平成を駆け抜けた名物レスラーだったことは間違いない。UWFや全日本プロレスに所属したあとの2000年には、三沢光晴（1962―2009）が旗揚げしたプロレス団体「ノア」に参戦。61歳まで活躍したが、脳梗塞による体調不良を理由に療養に入る。「リハビリしていましたが、思うようにいかず、これ以上やると会社やファンの皆さまに迷惑がかかる」と2004年にビデオ映像で引退を表明。車椅子生活となってからは、かつての仲間とも会わなくなったという。

「馬場さんや猪木さんに対抗するため、必死だったんだろうね」

かつて仲間だったグレート小鹿はそう話していた。衰えた姿を見せたくないという美学だったのかもしれない。

終の住処となったのは、新宿区内の都営住宅だった。誰も「あのラッシャー木村」とは気づかなかったという。馬場や猪木の最期と比べると、寂しいといえば寂しいが、木村らしい生涯だった。2010年5月24日、腎不全による誤嚥性肺炎のため都内の病院で死去。68歳だった。木村が所属していたノアは、富山大会で追悼の10カウントゴングを鳴らし冥福を祈った。

没後、私は浜口に会いに行った。

「木村さんは、どんなに酒を飲んでも愚痴や悪口を言ったことがなかった。どっしりと構え、静かに飲んでいたね」

華やかなネオン街より、ひっそりとした路地裏を愛した人だったという。浜口は、東京・浅草の自宅で古いアルバムを見せてくれた。大きな体を前かがみにしながら木村がカラオケでよく歌ったのが、森繁久彌（1913―2009）の「銀座の雀」だったという。

「〽たとえどんな人間だって　心の故郷があるのさ……」

北海道北部の天塩町で生まれ育った木村。高校を中退して大相撲の宮城野部屋に入門。幕下20枚目まで出世したが、「関取になったら相撲を辞められなくなる」と廃業する。実は力道山に憧れており、プロレスラーになりたいという子供の頃からの夢を捨てることができなかったのである。

伝説のマイク・パフォーマンス

国際プロレスの後輩にあたる浜口にとって木村は「恩人」でもあった。

1970年暮れ、試合中に足の骨を折る大けがをして入院した木村を、若手が交代で見舞った。ある日、木村は「ハマ、飲みに行こう」と浜口を誘い、病院を抜け出して浅草の街に。向かった小料理屋で紹介されたのが、当時、店で働いていた後に浜口の妻となる初枝だった。

「俺たち夫婦が出会わなかったら、娘の京子も生まれなかった。木村は縁結びの神様なんです」と浜口は話した。

さて、ここで木村の主なマイク・パフォーマンスについて紹介しよう。

「馬場、最近なんか元気だと思ったらコノヤロー、やっぱりな、お前は、ジャイアントコーン食べてるなコノヤロー」

「馬場に勝とうと思って、俺はこの正月、ずっと餅食っててんだぞコノヤロー。俺の肌を見ろよ。餅のおかげで、すっかりもち肌になっちゃったよ」

対戦初期のころは「馬場」と呼び捨てだったが、「とても他人とは思えないんだよ。アニキと呼ばせてくれ」と発言してからは「アニキ」となる。加山雄三の「君といつまでも」の歌詞をまねて、「幸せだなあ。俺はアニキといるときが一番幸せなんだ。俺は死ぬまでアニキを離さないぞ、いいだろ?」と馬場に抱きつくパフォーマンスも見せた。

93年、コメ不足がニュースになると、「ところで、日本のおいしいお米はどこに行ったんでしょう……?」と時事ネタを織り込んだり、「渕、お前の嫁さんを、この会場から探してやる」と独身だった渕正信をネタにしたりした。

晩年、木村は新日本プロレスのマットに上がり、猪木と闘ったころのことを思い出しながら、こんなことを言っていたという。

「猪木1人に、こちらは3人一緒（アニマル浜口、寺西勇）で闘った。邪道で気は進まなかったが、それでも人気につながらずつらかった。それが（全日本プロレスに移り）マイク一本でこんなに人気になるとは、世の中、不思議なもんだよ」（「週刊朝日」2010年6月11日号）

「金網デスマッチの鬼」と言われた全盛期をとうに通り過ぎ、体力的にも厳しかった木村だったが、人生、何がどう転ぶか分からない。

アンドレ・ザ・ジャイアント　徹頭徹尾、孤独だった

おならも「必殺技」

アナウンサーの古舘伊知郎が「人間山脈」「1人民族大移動」「現代のガリバー旅行記」などと絶叫したのが懐かしい。その本質は、あまりにも大きな肉体にあるのだろう。古舘は、「1人と呼ぶには巨大過ぎ。しかし、2人と呼ぶには人口の辻褄が合わない」とも言っていたが、けだし名言である。

「大巨人」という異名で世界中の人々を沸かせたプロレスラー、アンドレ・ザ・ジャイアント（本名アンドレ・レネ・ロシモフ）である。彼は、父の葬儀に出席するため母国フランスに帰国中の1993年1月27日、心臓発作を起こしてパリのホテルで急逝。46歳という若すぎる死だった。

訃報を速報したAP通信によると、アンドレの身長は223・5センチ、体重は235・5キロとなっていた。でも、実際はもっと大きかったのではないか。特に体重につ

いては、田鶴浜弘著『プロレス大研究』(講談社・1981年)によれば、なんと270キロとなっていた。ちなみに、足の大きさは40センチもあったらしい。

いずれにせよ、「世界8番目の不思議」と呼ばれ、プロレス界でも常識を覆す桁外れの巨体。遠征先の北海道札幌市では、サッポロビール園で生ビールを大ジョッキで78杯も飲み、同園から追い出されたとか。伝説は数々ある。

フランス出身のアンドレが日本のリングに初めて上がったのは1970(昭和45)年1月。国際プロレスの試合だった。当時のリングネームは「モンスター・ロシモフ」。やがてカナダに転戦し、「アンドレ・ザ・ジャイアント」に改名した73年、ニューヨークを本拠地とするWWWF(現WWE)と契約。たちまち全米ナンバーワンの売れっ子レスラーとなった。その人気は「年収世界一のプロレスラー」としてギネスブックに掲載されたほど。しかも、そのころから「フォール負けなし、ギブアップ負けなし」の無敵のレスラーとして君臨した。

74年、アントニオ猪木が率いる新日本プロレスのリングに上がる。だが、猪木以外のレスラーでは試合にならないため、日本人レスラー3人が一斉にアンドレに挑むというハンディキャップマッチも組まれた。

ところで、アンドレは日本人が大嫌いだったそうである。それは、日本人が彼をあからさまに化け物（モンスター）扱いし、見せ物小屋の異形物のような奇異の目で見たからであろう。たしかに、日本での関心事は、どのレスラーがアンドレを持ち上げるか、誰がフォール勝ちを奪うかに集約されていた。いわば、アンドレは一方的に「やられ役」というか「汚れ役」を背負っていたようにも思える。

規格外の巨人にとって、日本という国は住みにくかったに違いない。驚くべきことに、アンドレは来日するたびに身長も体重も大きくなっていった。ゆで卵を一度に20個も食べていたからだろうか、試合中でも大爆音とともにおならを放ち、鼻がひん曲がるほど臭かったそうである。その悪臭はリングサイドにも漂ったことだろう。巨体を生かしたボディープレスやヒップドロップのほかに、おならまでもが必殺技になるとは何ともすごい話である。

そんなアンドレではあったが、亡くなったとき作家の夢枕獏が記した追悼文が興味深かった。

「異人の集団であるプロレス界の中にあっても、なお、彼は異人であった。彼自身が嫌いであった自分の肉体の特異性が、自分の人気を支えているという矛盾を、常に胸の中

に抱え込んでいなければならなかったレスラーである」（朝日新聞・93年2月24日夕刊文化面）

アンドレの孤独を理解していた馬場

アンドレが亡くなった6年後には「東洋の巨人」ことジャイアント馬場が亡くなった。かつて馬場を見ると指をさし、「アッポー、アッポー」とはやし立て、笑い転げる子どもたちがいた。カメラでも持っていようものなら、それは大変。レンズを無遠慮に向け、シャッターを押し続けるのである。「ガリバー物語」で描かれた小人国の兵士らの弓矢攻撃のようなものだった。そんな時、馬場は終始無言。私も高校生のとき、川崎の体育館で子どもたちに囲まれている馬場を見たことがあるが、その眼は限りなく静かで、悲しみさえたたえているようでもあった。

だからなのだろうか。馬場はアンドレの孤独を理解していた人物と言われている。

90年4月、全日本プロレス、新日本プロレス、WWEの3団体合同興行「日米レスリングサミット」（東京ドーム）で、馬場はアンドレとタッグを結成（通称「大巨人コンビ」）。すでにリング上では往年のような動きができなくなっていたアンドレを引き取るような形で、全日本の試合に参戦させた。

馬場が率いた全日本はアンドレが最後にたどり着いた安住の地だったとも言えるだろうが、全盛期のアンドレが全盛期の馬場と闘ったらどんな試合になっただろうか。想像するだけでウキウキする。

プロレスがショービジネスの一種であるとするなら、リングの内と外とを問わず衆人から好奇の眼で見られることは歓迎すべきことなのに、アンドレにとってはじろじろ見られるのはやはり苦痛だったのだろう。「俺だって人間だ」という思いを彼はいつも抱いていたに違いない。

「ゲラウェイ！（出ていけ）」

控室でプロレス記者に声を荒らげたことも何度かあったというが、いつも不機嫌だったアンドレは徹頭徹尾、孤独だったのかもしれない。

忘れられない「あの試合」

孤独といえば、こんな話もある。日本にやってくる外国人レスラーは泊まる宿が決まっていたが、アンドレだけは昔からなじみにしていたホテルに泊まっていた。そのホテルの一室がアンドレにとっては本当にひとりぼっちになって心を休めることができた空間。ほかのレスラーと一緒のホテルに泊まるより、余計な気を遣わなくて済むと思ったに違いない。

だが、晩年のアンドレはかなり丸くなり、日本からやってきた報道関係者の取材を自宅で受けたりしていたという。

アンドレといえば忘れられない試合がある。否、「謎に包まれた不穏試合」と言ったほうがいいだろう。86年4月29日、三重県津市体育館で行われた前田日明との対戦である。

動画を見たが、試合開始後、アンドレは不敵な笑みを浮かべながらリング中央で仁王立ち。彼にはプロレスの攻防に付きあう気は全くなかったのだろうか。異変を感じた前田が距離をとってのローキック攻撃に転換。何度も蹴りを繰り返したが、アンドレはまったく仕掛けて行こうとしない。業を煮やした古舘アナが「果てしない凡戦」とマイクに向かってしゃべっていた。

この試合は、アンドレが前田のプロレスに一切付き合わず、潰しにかかった「セメントマッチ」だったともいわれる。やがてアンドレは大の字に寝転がり試合を放棄。アンドレは自身の商品価値を下げてしまったが、一方の前田は「アンドレを戦意喪失に追い込んだ男」として人気上昇。だが、イメージが先行してしまったことは否めないだろう。

まあ、これ以上は書くのをやめておく。いずれにしても、アンドレが活躍した昭和のプロレスは、まさに「夢の世界」だった。呪われた悪の権化のようなレスラーが繰り返す非道な反則、ラフ・ファイトの地獄絵は、いまも脳裏に焼き付いている。その一方で華麗なファイトを見せ、悪役レスラーをことごとくなぎ倒したレスラーも記憶に新しい。

古舘アナはプロレスを「闘いのワンダーランド（御伽の国）」と表現したが、「御伽の国」はアンドレ・ザ・ジャイアントという唯一無二の存在によって形成されていた面もあった。

ジャンボ鶴田　「人生はチャレンジ」

こっそり受験勉強

本名・鶴田友美。49歳の若さでこの世を去ったが、この人は理想を求めて人生を突き進んでいく人なのだなあと思ったのは1995年春。筑波大学大学院体育研究科に入学し、コーチ学を学ぶというニュースが流れたときだった。

40代の再出発。すでに若いころのようなファイトはできない。若手を指導することでプロレス界に貢献できないかと考えた。当時は全日本プロレスの取締役も務めていた。言葉は悪いが、ぬるま湯につかって何となく生きていくこともできたはずである。大学院の受験に関しては、妻と全日本プロレス社長のジャイアント馬場にだけ打ち明け、巡業先でこっそり勉強していた。

大学院の2年間でコーチ学と運動生理学を修得し、マスター（修士）となったジャンボ。東京スポーツでプロレス担当記者だった門馬忠雄によると、慶応大と桐蔭横浜大の非常勤講師として教壇に立ち、1999年には米国の大学から「プロフェッサー（教授）」の待遇で声がかかったという。

「『人生はチャレンジ』というのがジャンボの精神だった」と門馬は語る。ジャイアント馬場やアントニオ猪木のように華やかでキラキラ輝く人ではない。地味だけれど実力や魅力を秘め、しっかり努力を積み重ねる人がジャンボだったのだろう。高級な外車を乗り回すのではなく、生活そのものは質素だったに違いない。

「人生、プロレスだけじゃない。その後のことも考えないといけないよ」と、その生き方を通じて後輩たちに示していたのだろう。プロレスラーに染まりきらない一般人、常識人であり続けたいという思いは人一倍強かったはずだ。

1999年2月、都内のホテルで記者会見。「全日本プロレスのリングでレスラーとしてやり残したことはない」と正式に引退を発表。米オレゴン州のポートランド州立大学で運動生理学の客員教授として渡米することを明らかにした。なんとすがすがしい、希望にあふれたニュースではないか。

ブドウ農家で鍛えた基礎体力

ジャンボは日本のプロレス史上最強とも言われるレスラーだった。山梨県の県立日川高校時代はバスケットボールの選手として鳴らし、中央大学入学後は、「五輪出場に一番近いと思った」というレスリングに転向。1972年のミュンヘン五輪ではグレコローマン100キロ以上級に出場し、あっけなく予選で敗退。図抜けた運動能力ではあったが、世界の壁の厚さを痛感した。この年、旗揚げされた全日本プロレスに馬場の門下生として入門する。記者会見で「全日本プロレスに就職します」とさわやかな笑顔で答え、米国で修業を積みスター街道を駆け上がった。

私は77年8月25日、東京の田園コロシアムで行われたジャンボ鶴田VSミル・マスカラスによるUN（ユナイテッド・ナショナル）ヘビー級選手権試合（60分3本勝負）をこの目で見た。マスカラスがレッグ・フルネルソンの奇襲で先制フォールを奪ったかと思えば、2本目はジャンボも負けじとミサイル・キックで1本返すという手に汗握る試合展開だった。最後の3本目は、一気に勝負を懸けたマスカラスのダイビング・ボディーアタックをジャンボが巧みにかわし、リングアウト勝ちを収めてUNヘビー級王座3度目の防衛に成功した。

ジャック・ブリスコ（1941―2010）、ハーリー・レイス（1943―2019）、スタン・ハンセン……。強豪外国人レスラーとの熱戦も懐かしい。長州力、天龍源一郎、三沢光晴ら日本の名レスラーとものプロレスを繰り広げ、ファンの胸を熱くさせた。何よりも人並み外れたスタミナは「この人のエネルギーは無尽蔵だ」とレスラーたちを驚かせた。その一方で、体格や資質に恵まれ、無理をしないでも勝ってしまう強さがあった。それがどこか、のんびりとしたファイトに見えたのかもしれない。一時期、「善戦マン」と揶揄されたこともあった。

前述した門馬によると、肺活量は師匠の馬場に劣らず8500ミリリットルもあったという。基礎体力は故郷の山梨県で培われたものだ。ブドウ畑が延々と続く坂道の一角。海抜500メートル強の小高い丘の途中に生家はあった。小中高と通学路はすべて坂道。足腰を徹底的に鍛えられた。

実家はブドウ農家。子どものころから農作業を手伝った。ダンベルやバーベルなどを使って筋骨隆々に鍛え上げた肉体とは違う、しなやかで柔らかな筋肉がついたといえるだろう。その点は師匠の馬場が実家の八百屋の手伝いでリヤカーを引いて下半身を鍛えたのと環境が似ている。

身長は196センチもあった。「もっとも動きやすい体重は？」と問われ、「そうね、118キロぐらいかな。120キロを超えるとちょっと重たい感じ」と語っていた（門馬忠雄著『全日本プロレス超人伝説』文春新書）。相手を抱え上げて後方に投げ落とす必殺技のバックドロップは落差があり、描く弧は美しかった。

肝臓疾患との闘い

コーナーポスト上段で右手を挙げる「ウオーッ！」という雄たけび。「〽甲斐の山々陽に映えて　われ出陣に　うれいなし」の武田節をこよなく愛した。だが、92年7月4日、横須賀大会で開幕の「サマーアクション・シリーズ」を足首負傷を理由に欠場した。実はジャンボの体はウイルス性肝炎に侵されていた。入院したが、完治せぬままリングに復帰。メーンの試合からは外れた。

そして2000年5月16日、突然の悲報がマニラから飛び込んだ。同17日、朝日新聞の朝刊社会面はこのように伝えている。

【マニラ支局16日】元プロレスラーのジャンボ鶴田（ジャンボ・つるた、本名鶴田友美＝つるた・ともみ）氏が現地時間の十三日死去したのは、マニラ市郊外の病院で肝臓移植をした際、大量に出血したためであることが関係者の話で分かった。遺体は十七日、日本へ戻るという。葬儀・告別式の日程は未定。

関係者によると、鶴田氏は重い肝臓病で今年一月に病院に入院。オーストラリアに渡り、肝臓移植に備えていた。鶴田氏が手術を受けたフィリピン国立腎臓研究所のオーナ博士によると、オーストラリアで提供者が見つからず、五月二日にフィリピンに来ていた。銃で首を撃たれた二十歳の男性が十二日に脳死状態となったため、十三日午前零時から手術が始まった。終了前の同日午後四時ごろになって、出血が止まらなくなったという。

ジャンボは一時、日本の病院に入院していたが、移植手術を受けられる可能性が高いオーストラリアに一家5人で移り住んだ。家族の話では、フィリピンでドナーが見つかったため、ジャンボは奥さんと子供を残し、マニラ入りして手術を受けたという。成功の確率はどのくらいだったのだろうか。彼はそれもまた自分の運命と受け止め、手術に臨んだに違いない。

ジャンボはフランク・シナトラの「マイ・ウェイ」が好きだった。万感を込めた旅立ちを予感させる名曲である。まさにジャンボの生き方にふさわしい。絶頂期だったころ、新日本プロレスへの勧誘があったという。テレビ朝日が仲介しての交渉だったというが、ジャンボの考えは揺れなかった。生涯、全日本プロレスを貫き通した。病に倒れなかったら、国際的な視野を持って日本のプロレス界を牽引していたに違いない。

「どぶに落ちても根のある奴は、いつかは蓮の花と咲く」とフーテンの寅さんは歌ったが、まさに前向きに倒れ生きた人だった。2000年6月9日、日本武道館で「カーン、カーン……」と追悼のゴングが鳴った。照明が消された館内。巨大なジャンボの遺影がスポットライトに浮かび上がった。

V

笑わせる人生
——心とからだにビタミンを

ケーシー高峰［1934–2019］
ポール牧　［1941–2005］
牧　伸二　［1934–2013］
志村けん　［1950–2020］

ケーシー高峰　一番風呂での出会い

「ここなら誰にも邪魔されない」

朝5時、温泉ホテルTでのこと。一番風呂に入ったつもりが、先に入浴している人がいた。全身泡まみれになり、ゴシゴシ、ゴシゴシ……。入念に時間をかけて体の隅々まで洗っている。まるで泡の中に人間が入っているようで、奇妙な風景だった。

2008年8月、北海道東部の知床半島に近い中標津での出来事である。

「こんなにまできれいに体を洗う人なんているのだろうか?」

興味を覚えた私は、その人の顔を見たくなり、湯船から上がった後、脱衣場でしばらく待っていた。幸い、夏の北海道はさわやかで、湯上がりの体を冷やすにはちょうどいい。

浴場から出て来た男性は、テレビの演芸番組などでおなじみのケーシー高峰だった。

実は前日、羽田からの便に乗ったとき、ケーシーに似た人が最前方の席に座っていたのを私は覚えていた。おそらく町が主催する演芸大会か何かのイベントに招待され、このホテルに宿泊したのだろう。

私は脱衣場でケーシーとしばらく雑談をした。

「どうして、そんなに入念に体を洗っていたのですか？」と私。

「旅先でたったひとりになれるのが、早朝のお風呂なんです。ここなら誰にも邪魔されない。とにかくきれいに洗えば、身も心も軽くなるんですよ」と笑顔でケーシー。

有名人ともなると、夜は夜でお付き合いがあり、お風呂にゆっくり入るという訳にはいかないのだろう。特に地方都市ならなおさらだ。「ここなら邪魔されない」という言葉に、売れっ子芸人のもう一つの顔を見たような気がした。

私は、自分が朝日新聞の社会部記者であり、今日は取材で中標津を訪れている旨を伝えた。そして「いつか浅草で再会しましょう」。そう言って、先に風呂場から出た。

「グラッチェ」「セニョール」「セニョリータ」……。次々飛び出す意味不明で怪しげなあいさつ。黒板やホワイトボードを使い、大人向けのネタをまじえたギリギリの医学漫談で笑いをとった漫談家。「歳を取ると　家の通路を掃除するようになる　それをローカ現象と呼ぶ」なんて、おもわずクスッと笑ってしまう。「お笑いの天才」とも言われたケーシーと私との縁は、そんな「裸の出会い」から始まった。

「ケーシーの後だけは高座に上がれねえ。あまりにウケすぎて落語をやれる空間ではなくなってしまう」

落語家の立川談志（1936―2011）が絶賛していたのを思い出すが、どこでどうすれば客の笑いがとれるのかをきちんと計算していた。そして、何よりも努力の人でもあった。

1934（昭和9）年、ケーシーは豪雪地帯で知られる山形県最上町で生まれた。母方が江戸時代から続く医者の家系だった。ケーシーは5人きょうだいの末っ子である。上の3人は医師や歯科医師になり、自身も日本大学の医学部へ進んだ。だが、音楽や芸能の世界への憧れが抑えられなくなり、1年もたたずして同大学の芸術学部に転部する。ジャズクラブなどで司会を務め、やがて大学の先輩と漫才コンビを組んだ。医者になることを期待していた両親はもちろん激怒。ケーシーはしばらくの間、勘当の身となった。

脳外科医を描いた米国ドラマ「ベン・ケーシー」と憧れの女優・高峰秀子（1924―2010）から芸名をとり、1968年、漫談家・ケーシー高峰としてデビューする。親思いだったのだろう。「親が見たら喜ぶんじゃないか」と思い、白衣姿で舞台に上がったというから泣けてしまう。翌年、日本テレビの人気番組「11PM」に対抗しようと、東京12チャンネル（現・テレビ東京）が始めた「おいろけ寄席」の司会に起用された。日大の先輩の推薦だったそうである。

50歳を過ぎてから福島県いわき市に移り住んだ。自宅には大学ノートにメモ書きしたネタ帳がどっさり山積み。新聞も全国紙からスポーツ紙までくまなく目を通した。努力家・ケーシー高峰の素顔である。

渋い脇役もこなす性格俳優として「夢千代日記」（NHK・1981年）などのテレビドラマや映画でも活躍。人気ドラマ「木更津キャッツアイ」（TBS・2002年）では男色家の高額納税者を演じ、「ヒキガエルのような怪優」と若者の間でも話題になった。

2011年3月11日の東日本大震災。自宅は高台にあったので津波の被災は免れたが、すぐに避難所へ駆けつけた。「こんなときこそ笑いが大切だ」。ストーブを囲みながらのお色気漫談で和ませた。

入院中も冗談を飛ばす

2004年秋、ケーシーは舌の左側面に白いポチッとしたできものを見つけた。だが、忙しくて病院に行く時間がなかったという。翌春、できものは直径2センチぐらいに広がっていた。大きな病院で診察してもらうと、口腔の粘膜の一部が白変する病気だった。1割近くががんに移行するという説明だった。

山形県で産婦人科医をしていた母親をはじめケーシーの親類は医者が多い。外科医の甥に相談すると、「切っておけば大丈夫。医者を紹介する」と言ってくれた。だが、舌がんに移行してしまった。

05年、手術を受けた。術後20日間は傷口が開いてしまうため舌を動かすことができず、まったくしゃべれなかった。

「エッチなことも言えない。芸人だから、しゃべれないってことがすごいストレスだった」とケーシーは言っていた。だが、話せなくてもケーシーの周りは笑いが絶えなかったそうだ。そこにいるだけで周囲が和んだのである。

やはり芸人なのだろう。舌を動かしてもいいと許可が出てからは、見舞い客や病院のスタッフを相手に冗談を飛ばしていたが、縫合してあるため舌がなかなか柔らかくならない。舌がひっかかったり、もつれたりして1年くらいは大変だったそうだ。

その後も闘病生活は続く。2018年春、肺を患い入院。自宅療養していたが、再入院した。

「どんなことでも懸命に努力し、チャレンジする人でした」

同世代の芸人として共に東京のお笑いを支えてきた春日三球（1933―2023）はそう話していた。白衣に黒縁メガネ。首からは聴診器がぶらさがっており、晩年は舞台に上がるだけで笑いが起きた。

唯一無二の芸風と言っていいかもしれない。ケーシーの存命中、私の後輩が「ケーシーさんの漫談のスタイルはどこから来ているんでしょう？」とインタビューしたことがある。その回答がすこぶる面白い。

医学に関わる話は母親や親族から。子どものころから診察室で遊んでいたし、母親も積極的に医学の話をしてくれたので自然に覚えてしまったそうである。しゃべり方は「（ジャズクラブでの）音楽のＭＣ（司会）をやってきた流れですよ」とケーシーは答えている。そして、続けてこう言っている。

「『よろしく』を『しくよろ』なんて逆さ言葉はミュージシャンの符丁。それからスペイン語は、アイ・ジョージさんや坂本スミ子さんとラテンのバンドで回っていたころの名残ですね。『よお、セニョール』『アミーゴ、今夜どこ行く』なんてやっていたから。

でも一般の方はびっくりしたでしょうね、『グラッツェ、アミーゴ、やってるか、母ちゃん』なんて。始めたころ、永六輔さんが『演芸の世界にとんでもないのが出てきた』って評論を書いてくださったのを見て、とてもうれしかったのを覚えています」（朝日新聞・２０１１年1月27日夕刊「人生の贈りもの」）

２０１９年4月8日、肺気腫のため85歳で亡くなった。家族に見守られながら安らかな旅立ちだった。その後も私は北海道の中標津を訪れるたび、温泉ホテルTに泊まっているが、早朝の一番風呂に入るとケーシーとの出会いを思い出す。「知性あふれる下《しも》ネタ」が懐かしい。

ポール牧 「独りって寂しいね」

「舞台衣装」を着た姿で

殺人事件の被害者が亡くなる直前に書き残したメッセージを「ダイイング・メッセージ」と呼ぶ。容疑者につながる手がかりとなることもあり、推理小説や探偵ドラマなどにもたびたび出てくるキーワードである。まさに息を引き取る間際の「痛烈な叫び」。ではあのとき、彼がとった行動はどう読み解いたらいいのか。

2005年4月22日、東京・西新宿の自宅マンションから飛び降り自殺した喜劇役者のポール牧（本名・榛澤《はんざわ》一道）である。発見されたときは、おなじみの白のブレザーに黒のズボン姿だった。いわゆる「舞台衣装」を着たまま死ぬということは、まさにダイイング・メッセージではないか。関係者への恨み？　芸能界への未練？　はたまた、かねがね噂があった女性スキャンダルか？

奇しくもこの1年ほど前の04年5月23日、「未来を生きる君へ」と題した朝日新聞の企画記事にポールのインタビューが掲載されていた。そこには自身が好きだというフランスの喜劇役者マルセル・パニョルの言葉が出ていた。

「工場から油にまみれて家路を急ぐ人たち、災害で家を失った人たち、親兄弟や子どもに先立たれた人たち。そういう人たちに、たとえ一時でも安らぎとほほ笑みを与えてあげられる者、そういう者を喜劇役者といい、そう呼ばれる権利がある」

ポールは10代のころ、夜間高校の図書室でパニョルの著書を手にし、以来、この言葉を自身に問いかけ続けてきたという。当時は寺の住職の代理をしていたが、コメディアンになる夢を捨てられず、17歳で上京。漫談家・牧野周一（1905―1975）らに弟子入りし、関武志（1924―1984）と出会って「コント・ラッキー7」を組んで人気芸人になった。

喜劇役者という仕事に誇りを持っていたはずなのに、なぜ自身の手によって自らの人生に幕を下ろしてしまったのか。真相は謎に包まれたままだが、投身自殺にあたってわざわざ舞台衣装に着替えたということ自体、何かしら深い心の闇を抱えていたことがうかがえる。

プロローグにも書いたとおり、悲報から数日後、ポールが暮らしていた西新宿のマンションに遺族と一緒に入ることができた。

1LDKの部屋。奥にベッドがあった。枕元には母親の写真が飾ってあり、仕事で持ち歩いていた愛用のカバンも置いてあった。遺族によると、携帯電話からは連絡先がすべて消されていたという。

部屋の中には妙な生々しさが残っていた。つい先ほどまでポールがいたような感じ。窓を開けてベランダにも出た。そこには台が置いてあった。何だか見てはいけないものを見てしまったような後ろめたさに見舞われた。きっとポールはその台に乗り、手すりを乗り越えて飛び降りたのだろう。現場はマンションの9階。結構な高さである。

「独りって寂しいね」

最近の若い人は知らないかもしれないが、ポールは全身でリズムをとりながら指を鳴らす「指パッチン」で人気者になった、いわゆる昭和の芸人である。「悲しみに沈む人を元気にしたい」というのが芸人になった理由だった。

1996年、兄の死をきっかけに仏門に入る。僧侶だった兄の師匠が住職を務めていた静岡県袋井市の「可睡斎」で修行した。2002年には茨城県鹿嶋市に自分の寺を持った。名前は「一道寺」。落慶法要のとき、境内に迷い込んだ野良犬を「ゲスト」と命名し、世話をした。「捨てられた犬を拾うと幸せになれる」と説法で話していたという。「指紋がなくなるまで指パッチンをやる」と豪語していたが、私生活では4回の結婚と離婚。芸にも行き詰まり、とうとう独り暮らしとなる。うつ病を理由に、所属していた事務所をやめたこともあった。人前ではいつもテンションが高く、躁状態だったが、うつ状態になった時とのギャップが相当、激しかった。

ポールの死から1年後、私は朝日新聞の東京社会部から稚内支局に異動になった。まさに日本最北の極寒の地。宗谷海峡の向こうはロシア・サハリンである。肩書は「朝日新聞稚内支局長」。と言っても、支局（自宅を兼用）に勤務しているのは私ひとりだけ。本社とは違い、つまらぬ人間関係に振り回されることもなく、まさに「北の大地」を自分の車で走り回った。

その広大な管内に、ポールの生家があった。稚内市から約100キロ離れた天塩町。雄大な天塩川が日本海に流れ込む。向こうにはうっすらと利尻の島影が見えた。

きっとポールの子どものころや家族のことを知っている人がいるにちがいない。そう思って訪ねたところ、ガソリンスタンドを営む幼なじみのA氏に会うことができた。

「たしかに、ポールが亡くなる2カ月ほど前、稚内空港まで迎えに行きました」とA氏は言う。ポールは実家の墓参りに訪れたらしい。

空港から町までの車の中、窓から雪景色を見つつポールは「独りって寂しいね」と突然、ぽつりとつぶやいたという。生家では義理の兄とも久しぶりに会ったそうである。「仕事の悩みがあったのかなあ」と友人たちは語った。ポールの素顔がかすかに見えてきた。自殺したのは、この里帰りの2カ月後だった。

「我慢して笑うんだ」

「僕の（お笑いの）原点は母です」と話していたポール。

母・きちは山形の米沢生まれ。16歳のとき脊椎の病気を患った。不自由になった片方の足を支えるため、両手を広げてバランスをとりながら歩いたという。若くして夫と死別。生まれたばかりの赤ちゃん（のちのポール）を抱え、親類を頼って北海道に渡る途中、青函連絡船の中で赤ん坊が泣き出した。お乳が出ず、途方に暮れていたとき、僧侶が近づき「どれどれ」と赤ん坊を抱くと、ぴたりと泣きやんだという。

その僧侶が、のちにポールの父となる。布教のため天塩に向かう途中だった。当時、きちは26歳。僧侶は66歳。40歳の年齢差があったものの2人は結婚。だが生活は貧しかった。檀家は少なく、寺の収入だけでは食べていけない。敷地の一部を畑にして野菜を作った。

冬は底冷えする。ポールは1枚の布団に、きちと幼い妹2人と足を突っ込んで寝た。1個の生卵を分け合い、ご飯に醬油をかけて食べた。真冬でも吹雪の中、母と一緒に1軒ずつ檀家を目指して歩いた。烈風が吹くと泣く妹たち。「泣くな」と叱りながらも、自分も情けなくなり、涙が溢れた。10円のお布施を握りしめ家に帰ったという。

「悲しいときは泣くんじゃない。我慢して笑うんだ」

口癖のように言っていたのが母だった。わざとズデンと雪道で転んで家族みんなを笑わせたという。

ポールの上京後、母は毎月、手紙を送った。封筒には千円札が入っていた。

「このセンエンがありがたいとおもうなら、すべてのヒトにやさしくしてあげなさい」

と書かれていた。母は1967年、53歳で亡くなった。

そんな母親の写真が、ポールのマンションの一室に飾ってあった。着物姿で柔和な笑みを浮かべていたように覚えている。きっと優しい人だったに違いない。

私はポール一家が暮らしていた北海道の原野を思い浮かべた。

内陸部では零下20〜30度にも下がる極寒の地。立っている足の裏から冷たさが血管の中にのぼり、痛みが全身を駆け抜けるような感覚だっただろう。そんな過酷な場所で子ども時代を過ごしたからこそ、母から受けた優しさやぬくもりは忘れられなかったに違いない。

そういえば、ポールと親しかったタレントのガッツ石松は、私の取材にこんなことを言っていた。

「彼は見た目と違い、とても繊細な心の持ち主でした。笑いとは人の心に安らぎを与えるものだと言っていたけど、それは北海道のお母さんから学んだんじゃないかな」

ポールはきっと母に会いたかったにちがいない。利己心のない愛情でどんなときでも接してくれた母。だが故郷の北海道には母はすでになく、時間だけがむなしく過ぎ去っていた。「現世で会えないなら、来世で」とでも思ったのだろうか。

牧　伸二　芸人という生き方

「昭和の日」に逝った昭和の大芸人

子どものころテレビのお笑い番組で、ウクレレを手にしたこの人の歌を聴いて、「何がそんなに嫌なのだろう?」と思った。ハワイアン風の旋律に軽妙な社会風刺をのせ、最後は「あ～あんあ、やんなっちゃった。あ～あんあ、驚いた」と締める。ウクレレ漫談「やんなっちゃった節」で一世を風靡した牧伸二(本名・大井守常)である。

悩みの種は何だろう。家族のことだろうか。お金のことだろうか。恋人のことだろうか。子どもながらにあれこれ妄想した。箒をウクレレに見立て「あ～あんあ、やんなっちゃったなあ」とぼやいたら、「子どものくせに、そんな言葉は言わないの!」と親から叱られた。

その牧が、2013年4月29日未明、東京・大田区の自宅近くを流れる多摩川に飛び込み、78歳の人生に幕を下ろした。目撃者によると、東京と川崎を結ぶ中原街道が通る

牧　伸二

丸子橋から欄干をまたいで飛び降りたらしい。

田園調布警察によると、所持品などから牧と確認。家族に伝えた。病院に運ばれたが、すぐに死亡が確認された。遺書はなかった。

私も現場に駆けつけたが、深夜でも車がひっきりなしに行き交い、結構な交通量がある。最寄り駅（東急東横線・多摩川駅）で下車し、歩いて現場まで向かったのだろう。それにしても、橋の上から多摩川の水面までは結構な高さだ。河川敷で生活しているホームレスの男性は「ドボーン」という音を聞いた。

「しばらくしてサイレンが聞こえた。（ドボーンという音の正体は）人なんだと思った。でもまさか、牧伸二だったとはね」と男性は驚きの表情で振り返った。

奇しくも亡くなった4月29日は「昭和の日」。昭和の日本で多くの人に愛された人気者が、なぜ自死を選んだのか。臨時ニュースの速報が流れ、日本中が驚きに包まれた。その年の2月には歌手・岡田旬子とのデュエット曲「ひとめ惚れ」を出し、「新曲を出せてうれしい」と周囲に話していたばかりだったのに……。

関係者によると、亡くなる前日の28日はお江戸上野広小路亭（東京都台東区上野）に出演。その後、東洋館（同・台東区浅草）に向かい、自ら会長を務める東京演芸協会が主催する公演に午後4時10分から出る予定だった。

楽屋に入ったのは午後2時過ぎ。「お茶を飲んでくる」と伝え、行きつけの喫茶店Pに。だがそのまま戻らず、浅草の舞台はキャンセルとなった。携帯電話は持っていなかったというが、長い芸能生活で牧が仕事に穴を空けたのは初めてだったそうである。

喫茶店ではどんな様子だったのか。経営者の話。

「いつもでしたらきちんとしたスーツ姿なのに、この日ばかりは浮かない顔つきで一人でコーヒーを飲んでいました。茶色い作業服（ジャンパー？）のような格好でしたね」

座ったのは、いつもと同じ一番端の席。20年間、いつもそこだった。いつもと同じアメリカンを注文。砂糖とミルクを入れて飲み終えると、30分ほどで店を後にしたらしい。だが、その後、どこに行ったのかはいまも分かっていない。

牧は浅草を中心に活躍する芸人たちの団体「東京演芸協会」の会長だった。会員や後輩芸人たちの信望も厚かったが、歴代の会長から受け継ぎ牧が管理していた協会の資金（500万円以上とも）が不明になっていた。会員からは牧の責任を追及する声が高まっていた。

「現金か通帳で500万円用意する。会長を辞めて責任をとる」と理事たちに約束。それを受けて理事会で正式に対応を決定する予定だったが、牧は無断欠席。行方不明になり、4月29日に悲劇を迎えることになる。

牧は協会に対し「不明金の件は不問にしてほしい」という申し出もしていたという。詳しく書くことは控えるが、悪いことは重なるもので、私生活をめぐるスキャンダルも明るみに出た。

「本当にやんなっちゃうんじゃないか」

1934年、東京生まれの牧は、定時制高校に通いながら温度計製作会社に勤務した。57年に漫談家の牧野周一に入門し、自己流でウクレレを覚え、「やんなっちゃった節」を歌った。山手線の中で耳にした乗客のぼやきがヒントになったという。芸名の「牧伸二」は「牧野」から。「俺より脳（野）が足りないから」と言われ、数字も一番ではなく、「二」に。だが「伸」の字に師匠からの期待が込められていた。やがて牧は人気番組「大正テレビ寄席」（日本教育テレビ〔現テレビ朝日〕）の司会を務め、全国区の人気者になった。

そんな牧を子どものころから見ていた私は、いつかインタビューしたいと思っていた。

実現したのは2009年7月。お笑い界の長老として「現在どんな心境なのか」を浅草の演芸場の楽屋で尋ねた。舞台の明るい雰囲気とは違い、とても穏やかな表情。だが、真顔でこんな風な回答をしてくれた。

「最近は『やんなっちゃった』って歌っても、本当にやんなっちゃうんじゃないかと思ってしまうことがあります。昔のようにゲラゲラ笑ってくれるお客さんも少なくなった気もします。笑い飛ばせないほど、シャレにもならないほど、深刻な問題や事件が多すぎるからでしょうかね。僕も9月で75歳。後期高齢者です。将来に希望が持てる政策を政治家は打ち出してほしいね」

実は牧は、2002年に脳出血で入院。足が不自由になった。人知れずリハビリに励み、杖をつきながら黙々と浅草の寄席に通い続けた。才能には恵まれていたが、努力の人でもあった。

しかし、ウクレレの演奏は全盛期にはほど遠かった。指が思うように動かない。舞台の裏で音楽テープを流し、ウクレレを弾いているように見せて、口パクで半分しのぐこともあったという。

しかも、年齢は78歳。認知症にも悩んでいた。根が真面目でプライドが高い人だけに、そんな自分に耐えられなかったのかもしれない。

牧がテレビで活躍したころは、高度経済成長期の真っただ中だった。明るいウクレレの音色が、右肩上がりの時代の空気によく合っていた。日本人の多くが元気だった。世相をチクリと風刺するウクレレ漫談にも、どこか温かさがにじみ出ていた。

牧の訃報を受けて、50年来の友人で漫談家のケーシー高峰はこんなコメントを出した。

「昔は1日に3回、同じ舞台に立つこともざらだったが、お客を飽きさせないようネタを変えていた。最近の舞台でも必ず新しいことを取り入れていて、そんな芸熱心さを尊敬していました。扱うネタは庶民的。それが世間に広く受け入れられたのだと思う。周囲の信頼も厚かった。本当に残念です」

たしかに、芸人とは職業ではない。生き方そのものではないだろうか。長生きしなければ究めることができないものもある。

牧の悲報を受けて思い出したのは、東京下町の長屋を住まいとし、86歳で逝った落語家の林家彦六（八代目林家正蔵＝１８９５―１９８２）である。質素な生活を終生変えないことで人情の機微をつかんだ。やがてロウソクのように燃え尽きていく運命にあっても、その消え方も含めて芸人なのである。

どんな逆境でも生き抜く。転んでもタダでは起きない。自分をさらけ出し、自分の恥をネタにしてまでも笑いをとる。そんなしたたかでふてぶてしいばかりの芸人に、大ベテランの牧もなれなかったのだろうか。

と、書きながらも「お前はそんな偉そうなことを言える柄なのか」と後ろめたさを感じる。そもそも芸人であれ会社員であれ、本当につらいときは弱音を吐ける、悩みを打ち明けられる雰囲気が、牧の周辺に醸成されていなかったことが残念でならない。でも、生きていることに相当な違和感を抱いている人は、何もかも忘れ果て、どす黒い無明の世界に沈んでいくのかも知れない。

多摩川の冷たい水の中で、牧が私たちに別れを告げてから10年あまり。「あ〜あんあ、やんなっちゃった、あ〜あんあ、驚いた」。あのウクレレ漫談が空しく響く。

志村けん　「ドリフの宝、日本の宝」

「日本の喜劇王」衝撃の死

日本中の人々から愛されたお笑い界の大スター、志村けん。ザ・ドリフターズの見習いとして「8時だョ！全員集合」に登場し、荒井注（1928―2000）に代わって正式加入したのは1974年である。

股間から白鳥の首が突き出たコスチューム。「イッチョメ、イッチョメ、ワ～オ！」と叫ぶ姿が衝撃的だった「東村山音頭」。タキシード姿でヒゲをつけ、手のひらを下に向けながら両腕を上下に動かして踊る「ヒゲダンス」も懐かしい。

当時、中学生だった私にとって、志村のドタバタな笑いは新鮮な驚きだった。とぼけた顔に、すっとんきょうな声。説明無用のばかばかしさは「下品」とも批判されたが、テレビの制作現場は自由で創造的で、あらゆるネタを笑いに変えてやろうというエネルギーに満ちあふれていた。

その志村が新型コロナウイルスによる肺炎により70歳で亡くなったのは2020年3月29日である。40年以上、第一線で活躍してきた「日本の喜劇王」の死は、社会に大きな衝撃を与えた。

死に至るまでの病状を時系列でたどる。

3月17日　倦怠感を覚え、自宅で静養する
19日　発熱や呼吸困難の症状を訴える
20日　東京都内の病院に緊急搬送。重度の肺炎との診断を受けて入院する
21日　人工呼吸器を装着。その段階で意識はなかったという
23日　新型コロナウイルスの陽性が判明
29日　午後11時10分死去。享年70

各メディアが大々的に志村の死去を報じたのは30日。朝日新聞の報道によると、事務所関係者は「持病や基礎疾患があったとは確認していない。ただ、かなり喫煙と飲酒をしていたので、その影響があったことは否定できないかもしれない」と話したという。

翌日になると、状況が少しずつ分かってくる。

所属事務所によると、志村は愛煙家だったが、2016年に肺炎で入院したことがあり、以来、禁煙していた。喫煙が新型コロナウイルスによる肺炎の重症化にどの程度影響するのかははっきりしないものの、タバコによる体への悪影響は禁煙しても一定期間残ると考えられる。世界保健機関（WHO）は喫煙がコロナの重症化リスクを高めるとして、禁煙を呼びかけていた。

コロナで入院すると、家族が見舞いに行けないことも大きな問題だった。亡くなってからも、遺体と対面するには制約があった。厚労省によると「遺体は非透過性納体袋に収容、密封することが望ましい」とされた。「顔を見られずに別れなくてはならなくてつらい」と悲痛な表情で語ったのは志村の兄。志村の遺体は、袋に密封されたまま火葬されたというが、人の命はそんなに軽いものなのだろうか。

つらかったのはドリフのメンバーも同様だった。

「ドリフの宝、日本の宝を奪ったコロナが憎いです」というコメントを出したのは加藤茶。仲本工事（1941―2022）は「ドリフも順番に逝く年になったとは思ったけど、一番若い志村が長さん（いかりや長介＝1931―2004）の次になるとは……。非常に悔しいです」と話した。

高木ブーは「志村早すぎるよ、俺より先に逝くなんて。（中略）また一緒にコントやりたかったのに」とのコメントを寄せた。

実はこのころ、志村は初の主演映画「キネマの神様」の撮影が予定され、私も取材の準備を始めていた。２０２０年1月24日、松竹から正式に発表があったのを受け、社会面に記事を書いた。

「松竹は24日、山田洋次監督（88）の89作目となる新作映画『キネマの神様』を製作すると発表した。コメディアンの志村けんさん（69）と人気俳優・菅田《すだ》将暉《まさき》さん（26）がダブル主演する。原田マハさんの同名小説が原作で、映画撮影所で働く人々の夢や挫折、その後の人生を描く。松竹によると、志村さんが映画に出演するのは『鉄道員（ぽっぽや）』（１９９９年）で炭鉱労働者を演じて以来、21年ぶり（註：年齢は当時）」

山田監督は役者としての志村の才能を高く評価し、「ぜひ僕の映画に出てほしい」と志村にお願いしていた。担当プロデューサーが何度も志村の元を訪れ、直談判。志村はなかなか首をタテに振らなかったが、ようやく実現した映画だった。

悲報を聞いた瞬間、全身が震えるほどの驚きだったという山田監督は、こんなコメントを発表する。

『『キネマの神様』の出演辞退でがっかりしていたぼくにとって、言葉を失うほどの衝撃です。志村けんさんは日本の喜劇の世界の宝でした。その存在がどれほど貴重だったかを、彼が少しでも自覚して健康に留意してくれていたら、と彼の早死が口惜しく、残念で残念で仕方ありません」

数々の有名人の死に接してきた山田監督だが、これほどの無念な思いでコメントを寄せたことはなかったのではないか。志村の訃報は国境を越え、海外にも伝えられた。

志村と1988年から1年間、「加とちゃんケンちゃんごきげんテレビ」（TBS）の構成作家として仕事を一緒にした江戸川大教授でお笑い評論家の西条昇は話す。

「志村さんは、コントで見せるバカバカしさとは打って変わって、真剣な表情で一点を見つめ、静かにギャグを考えていらした。何より驚いたのは、その勉強熱心な姿勢と、それに裏打ちされたギャグの貯蔵量の多さだった」

笑いにはマンネリは絶対に必要

志村は、1950年2月20日、東京都東村山市生まれ。故郷は一面の桑畑と雑木林だった。お笑いの道を子どもの頃から志した志村にとっての楽しみは、自宅のテレビから流れる漫才や落語。小学校の教頭で厳格だった父が一緒に笑い声を上げて見ていたこともあり、それには驚いたという。

志村は高校卒業直前、ドリフのリーダー・いかりや長介を訪ねた。2月の雪の降る日だった。いかりやの自宅マンション前で、何と12時間も帰りを待ち続けたという。

そして志村は74年、荒井注に代わってドリフに正式加入した。私は当時のことをよく覚えているが、懸命に動き回る熱演を見せるも、志村のキャラクターは世間一般にはなかなか浸透しなかった。先輩方に遠慮していたのだろうか。ブレイクするきっかけは先述したように、2年後の76年、「東村山音頭」である。

さて、志村のギャグを「マンネリ」と批判する人がいたが、これに対して志村はこう反論している。

「僕は笑いにはマンネリは絶対に必要だと思う。お客さんにすれば、『多分こうするよ。ほらやった』と自分も一緒になって喜ぶ笑いと、『意表を突かれた。そう来たか』とびっくりする笑いの2種類あると思う。全部意表を突かれてしまうと、お客さんも見ていて疲れてしまうだろう」(『変なおじさん【完全版】』新潮文庫)

マンネリになるまでやるというのは、実はすごいことなのだ。酔っ払いにしても、お婆ちゃんにしても、バカ殿にしても、スケべな中年男性にしても、「こういう人っているよなあ」と思わせる演技。だからこそ、世代を超えて多くの人に、志村は愛されたのだろう。

でも、本人は大変だったに違いない。「気分転換、ストレス発散がすごく下手なタイプ」と、あるインタビューで自嘲気味に語っていたが、枕元にはネタをメモするためのノートが置いてあり、夢に出てきたコントやギャグをすぐ書き残したという。そして、連日の深酒が体を蝕んだ。六本木のクラブでも接客についた女性を冗談や物まねで楽しませた。

笑いの天才でもあったが、どこか孤独を抱えていた。社会の片隅に吹き寄せられながら肩をすぼめて生きている人たちの悲しみや苦しさもよく理解していたコメディアンだった。

それにしても、新型コロナウイルスという奴は人の心をも蝕む病気だ。志村にコロナをうつしたと、ネットで「感染源」とのデマを流された女性もいる。この女性は名誉を毀損されたとして、投稿した男女26人に計約3300万円の損害賠償を求めて大阪地裁に提訴。「デタラメな内容で人を傷つければ責任を問われると知ってほしい」と訴えた。大阪地裁は投稿者のうち2名に対し、それぞれ12万円の賠償を命じる判決を出した。

コロナ禍での不安や恐怖が、人々をさらなる不安や恐怖に追い詰める。志村の死は、先行き不透明な現代社会の実相を照らし出したとも言える。

見事な孤独死――エピローグ

新聞記者になって36年。さまざまな死に遭遇したが、最後にこの人のことも書き残しておきたい。「元祖風俗ライター」と呼ばれた吉村平吉。私にとっては「師」だった。東京・吉原の旧赤線地帯で暮らし、色と酒を愛した酔狂な「アスビ（遊び）人」。作家の野坂昭如（1930―2015）は「きわめて卑俗、猥雑な巷を描き風俗人情をうつして、筆者の筆は清雅である」と称した。俗事一切を突き抜け、飄々と生きた通称「へーさん」。浅草の酒場で知り合ったのは私が30代の頃だ。毎晩のように飲み歩き、粋がっていた私に、へーさんはこんなことを言った。

「昔は、遊びでも『本気にさせる』ことを『ハズス（外す）』といって、恥だと嫌がられたものでした。情感をこめつつハズスことこそ、遊びの極意、緊張感、節度があるのです」

へーさんが亡くなったのは2005年3月1日。享年84だった。前日まで大好きなチューハイを飲んでいたというが、酒場ではいつも穏やかな口調。刺し身など生ものは苦手だった。

時折、思い出したように遠くを見つつ、つぶやいた。

「こんなに長生きするとは思いもしなかった。まさに道楽人生の生き残り。これから先は利息のようなものです」

本当にあちこちの店に行った。浅草・言問通りに面した「正直ビヤホール」、落語好きのマスターがいた吉原の「鈴音」、5個250円のシューマイが絶品だった和洋中華「丸八」、名物の煮込みをつまみにウーロンハイを飲んだ三ノ輪の「中ざと」……。

もっとも支払はいつも私だったが、へーさんの貴重な話を伺えるというだけで満足だった。酔うと、「エノケン」こと喜劇役者・榎本健一(1904―1970)に憧れていた青年時代の話になる。滅びゆく遊び、雅やかな伝統。「ああ昔は良かった」式の回想でも、憤りでもなく、淡々と話した。

そういえば亡くなる7年前、浅草六区で300人近くを集め、生前葬が営まれた。ハワイアンバンドの演奏、流しの歌、女剣劇、マジックショー、ストリップショー……。

「死んだら誰も葬式などやってくれないだろうし、生きているうちならお金も多少集まるんじゃないのかな」というのが生前葬の理由でもあった。

「もうこのままお迎えが来たら最高です」

そうつぶやきながら、仙人のように達観した顔でグラスを飲み干す。まさに理想の「酔生夢死」。吉原にあったソープランドの従業員用マンションに暮らしていたが、競売にかけられてしまい、2002年5月29日、隣町の竜泉に越した。立ち会った私は、部屋から雑誌や古本が運び出されたのをよく覚えている。

今回、拙著のエピローグにあたり、「へーさん」のうらやましい最期について書いてみたい。

2005年3月5日朝、新聞受けに新聞が何紙も挟まったままで、しかも配達された牛乳がそのまま玄関前に置かれているのをマンションの管理人が不審に思った。部屋に入って電気をつけると、ベッドからずり落ちたへーさんが裸のまま床に倒れていた。すでに息絶えた状態だった。

マンションは施錠されていて、しかも全裸だったものだから、警察は当初、「不審死」として捜査を始めようとしたらしい。が、外傷はなく、誰も入ったような形跡もなかったものだから、数日前に寝ているとき、突然、発作を起こし、そのまま亡くなったのだろうということに落ちついた。死因は心不全。

晩年のへーさんの身元引受人のような立場にあった私は連絡を受け、下谷警察署に向かった。霊安室でへーさんは穏やかな顔で眠っていた。「へーさん、良かったですね。まるで現代の荷風ですよ」と私は遺体に声を掛けた。

へーさんは結婚したことは一度もないという。が、そのあたりの真偽は定かではない。ただ、いろいろと面倒を見てくれる女性はいた。生涯に単行本としてれっきとした出版社から出したのは、『実録・エロ事師たち』（立風書房・1973年）、『吉原酔狂ぐらし』（三一書房・90年）、『浅草のみだおれ』（同前・97年）の3冊のみ。晩年は貯金も尽き、名前だけ役員をしている芸能会社から月々の顧問料をもらう程度だった。

それにしても、へーさんにはどこか品があった。なぜだろうと考えたら、理由は生い立ちにあった。

1920年、東京・赤坂生まれ。古美術商で遊び人だった父の影響で子どもの頃から花柳界に親しんだ。早稲田大学専門部政経科を卒業後、「エノケン劇団」文芸部に作家見習いとして所属。劇場は毎日、立ち見が出るほどだった。

転機は戦争だった。召集され、命からがら中国各地を転戦。戦後まもなく帰国し、夢だった劇団「空気座」を旗揚げした。田村泰次郎の名作「肉体の門」を上演し、話題を呼んだが、経営に行き詰まり1年で解散した。

借金に苦しんだ末に「色の世界」にのめり込み、路上の客引き業になる。一晩で大卒の初任給くらい稼いだという。夜の世界の探訪ルポを週刊誌に書き始めたのはその頃だ。「日本初の風俗ライター」と呼ばれ、最初の著書『実録・エロ事師たち』は映画にもなった。だが、身の程知らずと言うべきか、「苦界から区会へ」をキャッチフレーズに掲げ、71年に地元の台東区議選に立候補する。

「小さなことを決して忘れない区政を」「ザックバランな話し合いが実行を生む」……。一応、選挙公約を掲げたが、「水商売は下町の命」となると有権者はどう受け止めるべきか迷ったに違いない。

開票結果はたった277票。まるで泡沫候補である。驚くべきはその後も、3回続けて区議選(補選も含む)に立候補したことだった。だが、町内会費も払っていないという噂が流れ(実は本当)、毎回、落選。ようやく我に返り、選挙に出るのはやめようと決意する。

当時の心境をへーさんは「世の中の一般の堅気の人たちと、わたしたちのような無頼不逞の人間との間には、やはり越えられない壁があるらしい」と著書『吉原酔狂ぐらし』に書いている。

晩年のへーさんは、江戸期の吉原遊女たちが祀られる「投げ込み寺」とも呼ばれた浄閑寺（荒川区）を機会あるごとに訪ねた。住職が旧制中学の先輩ということもあり、「私が死んだら投げ込んでほしい」と話していた。吉村家の墓は世田谷の豪徳寺にあるが、やはりいまでもへーさんの魂は浅草や吉原界隈をさまよっているような気がする。

「しょせん、アタシの人生そんなもの」

へーさんの照れ笑いが脳裏に浮かぶ。決してガツガツとした人生を送ってはいなかった。陰湿や愚痴、ジメジメとした真面目さとは無縁で、胸の中を風が吹き抜けるような爽快さ、軽さがあった。漢字なら、飄々の「飄」という字が似合う人だった。

あの永井荷風のように日本文壇史に名を残す作家にはなれなかったが、荷風より5歳長生きした。しかも、病気らしい病気はほとんどしたことがなく、ポックリ逝った。

見事な孤独死。ナンセンスな軽演劇的人生。与えられた人生を最期まで自分らしく、より良く生きていこうとへーさん自身が思っていたのかどうかは知るよしもないが、いつまでもジタバタと老残をさらすこともなく、旅立ったのは見事である。

さて振り返るに、私自身はどうか。がんが再発し、今年に入ってからは余命宣告まで受けてしまった。絶望と希望。振れ幅のあまりの大きさに、気持ちがついていけないときがある。だが、耐えて、耐えて、投げ出さずに生きていくしかないのだろう。

幸いにも私は今回、さまざまな先達の死を通じて、生きる意味を探るコラムを書き続けることができた。この機会を与えてくれた新潮社の岡田葉二朗と、編集の実務に携わった猪塚真希には心から感謝を申し上げたい。

東京・上池台の自宅にて　小泉信一

編集部注：著者の小泉信一氏は、本書の編集作業中の2024年10月にがんのため他界されました。以降の作業については、同氏の原稿と趣旨を尊重し、編集部が行いました。

初出：「デイリー新潮」連載「メメント・モリな人たち」

小泉信一　1961年、神奈川県生まれ。朝日新聞編集委員。管理職に就かず現場を貫いた全国紙唯一の「大衆文化担当」記者。著書に『おーい、寅さん』『裏昭和史探検』。2024年10月、がんで死去。

Ⓢ新潮新書

1075

スターの臨終《りんじゅう》

著者　小泉信一《こいずみしんいち》

2025年1月20日　発行

発行者　佐藤隆信

発行所　株式会社 新潮社

〒162-8711　東京都新宿区矢来町71番地
編集部(03)3266-5430　読者係(03)3266-5111
https://www.shinchosha.co.jp

装幀　新潮社装幀室

章扉製作　クラップス

印刷所　株式会社光邦

製本所　加藤製本株式会社

ISBN978-4-10-611075-7 C0230